Os Arquivos Secretos do VATICANO

Sérgio Pereira Couto

Os Arquivos Secretos do VATICANO

2ª edição
2ª reimpressão

Copyright © 2013 Sérgio Pereira Couto

Todos os direitos reservados pela Editora Gutenberg. Nenhuma parte desta publicação poderá ser reproduzida, seja por meios mecânicos, eletrônicos ou em cópia reprográfica, sem a autorização prévia da Editora.

EDITORA RESPONSÁVEL
Silvia Tocci Masini

EDITORAS ASSISTENTES
Carol Christo
Nilce Xavier

ASSISTENTE EDITORIAL
Andresa Vidal Vilchenski

PREPARAÇÃO DE TEXTO
Matheus Roedel

CAPA E PROJETO GRÁFICO
Diogo Droschi

REVISÃO
Dila Bragança de Mendonça

DIAGRAMAÇÃO
Christiane Morais de Oliveira

Dados Internacionais de Catalogação na Publicação (CIP)
(Câmara Brasileira do Livro, SP, Brasil)

Couto, Sérgio Pereira
  Os Arquivos Secretos do Vaticano / Sérgio Pereira Couto – 2. ed.;
2. reimp. – Belo Horizonte : Gutenberg, 2021.

  ISBN 978-85-65383-84-4

  1. Igreja - Controvérsias 2. Igreja - História 3. Mistérios religiosos
I. Título.

13-01499   CDD-262.13

Índices para catálogo sistemático:
1. Mistérios : Vaticano : Religião : História 262.13
2. Vaticano : Mistérios : Religião : História 262.13

A **GUTENBERG** É UMA EDITORA DO **GRUPO AUTÊNTICA**

São Paulo
Av. Paulista, 2.073, Conjunto Nacional
Horsa I . Sala 309 . Cerqueira César
01311-940 . São Paulo . SP
Tel.: (55 11) 3034 4468

Belo Horizonte
Rua Carlos Turner, 420
Silveira . 31140-520
Belo Horizonte . MG
Tel.: (55 31) 3465 4500

www.editoragutenberg.com.br
SAC: atendimentoleitor@grupoautentica.com.br

Sumário

Introdução 9

Capítulo 1 - A criação dos Arquivos Secretos 13
    Indexação das informações 14
    A abertura dos Arquivos 15
    Lendas e especulações 18

Capítulo 2 - A Santa Inquisição 21
    As heresias 22
    As acusações 23
    Condenações e punições 24
    As heresias em outras religiões 26
    A Inquisição medieval 29
    Outra visão da Inquisição 30
    Poder e fé 32

Capítulo 3 - Os cátaros e o segredo do Santo Graal 35
    Quem eram os cátaros 35
    Organização da Igreja cátara 37
    As lendas do Santo Graal 38
    A Cruzada Albigense 40
    Os tesouros e os neocátaros 41

Capítulo 4 - Os evangelhos proibidos 45
    Canônicos x apócrifos 45
    O Concílio de Niceia 47
    A escolha dos evangelhos canônicos 48
    Os critérios de escolha 49
    Versões diferentes 50
    Os manuscritos de Nag-Hammadi 52

Capítulo 5 - O Evangelho de Judas 55
    Conteúdo polêmico 55
    Quem foi Judas Iscariotes? 56
    Trazendo um manuscrito de volta à vida 57
    A redenção de Judas? 59
    Variações sobre o mesmo tema 60
    O que é a gnose 61
    Judas e os essênios 62

Evangelhos essênios 63
Os essênios 64
Semelhanças com o cristianismo 67
O estudo do Evangelho de Judas 67

Capítulo 6 - O Evangelho de Maria Madalena 71
O conteúdo 72
A identidade de Madalena 75
Veneração 76
Madalena e Pedro: a controvérsia 78
Sophia no judaísmo e no cristianismo 79
Competição 80
O milagre de Madalena 82
O outro lado da moeda 83
Pedro segundo o gnosticismo 84

Capítulo 7 - As alterações feitas na Bíblia 87
Intervenção humana 87
As alterações nos textos sagrados 90
Em busca da verdade 91
As revisões dos evangelhos 93
Correções e mudanças 94

Capítulo 8 - A Torá: a Bíblia original 97
As divisões e origens 99
A Torá oral 104

Capítulo 9 - O código da Bíblia 107
Sequência alfabética equidistante 108
As pesquisas 108
A pesquisa automática 110
O mentor do código 111
O resultado de probabilidades 114

Capítulo 10 - Gematria: o código oculto da Bíblia 117
A gematria 118
Os cálculos 121
A gematria revelada e mística 122
Talismãs 122
Identificando o mal em textos 125

Capítulo 11 - Teomática: o código da Bíblia original 127
O que é teomática? 128
O nascimento de Jesus 131
A polêmica da teomática 133
O código de Bullinger 134
Os padrões numéricos na teomática 135

Capítulo 12 - Os Arquivos Secretos e o Apocalipse 137
Gog e Magog 140
Gog e Magog para o Islã 143

Capítulo 13 - Bibliolatria 145
   A autoridade das escrituras 146
   De onde vem a bibliolatria? 150

Capítulo 14 - Ciência *versus* Religião 153
   Suposições 153
   A briga pelo sudário de Turim 154
   O criacionismo e o evolucionismo 158

Capítulo 15 - As informações polêmicas e proibidas 163
   O Vaticano e os Beatles 163
   Missas pagas 165
   Falência contínua 166
   Os locais cristãos 166
   O holocausto e a omissão do papa 167
   A reconciliação das Igrejas católica e anglicana 171
   A condenação e a reabilitação de Galileu Galilei 174
   A ligação com o Brasil 175

Capítulo 16 - Os maiores segredos dos Arquivos Secretos 177
   Os maiores segredos 177
   Milhões de livros 179
   Informações bombásticas 180
   O espiritismo 181
   A paranormalidade 183
   OVNIs e ufologia 185

Capítulo 17 - Os escândalos e a renúncia do papa 187
   Vatileaks 187
   O mordomo e o escândalo financeiro 188
   Bento XVI, o nazismo e os Arquivos Secretos 189
   Pedofilia 191
   A renúncia do papa 193
   A abdicação aceita 194

Referências 197
   Sites 198

Introdução

Tudo o que é oculto, secreto, proibido parece chamar mais nossa atenção. E, de fato, uma aura de mistério envolve os Arquivos Secretos do Vaticano.

Localizados na Cidade de Vaticano, compreendem um local que reúne documentos relativos a todos os atos promulgados pela Santa Sé. São, na verdade, um imenso repositório central de informações, que abrange livros, documentos, correspondências, diários de papas, processos da Inquisição, papéis confidenciais, imagens, fac-símiles e milhares de outros registros que a Igreja Católica vem acumulando ao longo dos séculos.

Seu tamanho e extensão impressionam. Estima-se que contenham 85 quilômetros de prateleiras e que existam 35 mil volumes apenas no catálogo seletivo. No total são cerca de 2 milhões de documentos que relatam cerca de 800 anos de história guardados hermeticamente.

Os arquivos foram criados para ser consultados principalmente pelo papa e pela cúria romana. Com o passar do tempo, os Arquivos Secretos do Vaticano se tornaram um verdadeiro depósito de documentos ligados aos mais variados processos que envolviam a participação da Igreja Católica na defesa da fé cristã.

Ali há seis grupos de documentos: cúria, delegações papais singulares ou familiares, concílios, ordens religiosas, mosteiros e confrarias, e outros. O complexo está dividido em dois recintos, que possuem a capacidade de receber a visita de até 1.500 pessoas. Há também um aposento com os arquivos de índices, uma biblioteca, uma sala de restauração, um laboratório de fotografias digitais e outro de informática, além do espaço administrativo.

Mas o que há de "secreto" em tudo isso? Em latim, Arquivos Secretos do Vaticano são *Archivum Secretum Vaticanum*. Nesse idioma, *secretum* tem o significado de segredo, mas também de *secretário*, ou seja, a pessoa de confiança de alguém. Assim, os Arquivos Secretos poderiam ser traduzidos como "arquivos de confiança". Isso porque, quando alguma dúvida surge em assuntos relacionados à Igreja, é a eles que os padres recorrem para esclarecimentos.

Entretanto, há sim um cunho de segredo por trás deles. Na verdade, nada do que possa sair de suas paredes blindadas é passível de ser tomado apenas como um simples documento. Os "conspirólogos" (ou seja, os adeptos das teorias de conspiração) gostam de insinuar que o local é não um simples depósito de dados dos governos papais, mas uma espécie de área proibida, que guarda detalhes que mudariam a história não apenas do cristianismo mas também da humanidade como a conhecemos.

E o que de fato acontece é que apenas uma parte do que há ali é hoje de acesso público, e por alguns motivos. Primeiro porque os papéis que ali existem são muito antigos e, a exemplo de museus, que não permitem *flashes* das máquinas fotográficas para não danificar as obras, também os Arquivos Secretos protegem seu acervo, de valor incalculável, já que o simples ato de respirar próximo a um pergaminho antigo poderia levar à sua irreparável perda. E isso acontece mesmo hoje em dia, com a tecnologia de que dispomos.

Em segundo lugar, nem tudo está autorizado a ser divulgado. A publicação dos índices dos documentos, por exemplo, em parte ou como um todo, é proibida, de acordo com os regulamentos atuais estabelecidos em 2005. E, em geral, somente depois de pelo menos 75 anos de sua publicação é que uma parte do acervo se torna acessível.

Essa abertura começou no papado de Leão XIII (1810-1903). Desde 1881, o papa que está na direção da Igreja Católica tem tomado a iniciativa de abrir o acesso a papéis de seus antecessores. A partir de 1924, uma quantidade maior de textos foi aberta ao público, incluindo aqueles do período que vai até o fim do apostolado do papa Gregório XVI (1765-1846).

O fato de existir esse lapso de tempo para que determinados documentos dessa vasta coleção possam ser consultados deixa as pessoas desconfiadas. Os arquivos ganharam a alcunha de "secretos" não apenas por seu acesso restrito para a maioria das pessoas mas também por seu conteúdo proibido. Isso porque muitos livros, documentos, epístolas, entre outros, traziam ideias de várias das correntes consideradas heréticas.

Nos Arquivos do Vaticano é possível encontrar, além dos citados documentos, livros confiscados e classificados como "perigosos". Entre eles, há até mesmo antigas edições da Bíblia e cópias dos chamados Evangelhos Apócrifos, além de dados sobre o código da Bíblia e suas versões mais antigas, denominadas gematria e teomática.

Segundo dizem alguns especialistas, a parte sobre o terceiro segredo de Fátima, que era somente de conhecimento dos papas (e que teria feito um deles desmaiar ao saber de seu teor), só foi revelada por iniciativa de João Paulo II. E, mesmo assim, os conspirólogos afirmam que as verdades divulgadas são falsas e que as legítimas ainda estariam guardadas sob as sete chaves atribuídas a Pedro.

Os arquivos foram instituídos em uma época em que a Igreja Católica era praticamente soberana no mundo e se tornou depositária do conhecimento humano desde a época da Inquisição, em torno de 1184. Os livros considerados perigosos por ameaçarem os dogmas estabelecidos pela Igreja eram recolhidos e destruídos, mas não antes de terem um exemplar lá colocado para consultas futuras, por parte daqueles que se lançavam na defesa da "pureza eclesiástica".

Até aí, eles poderiam compor uma simples biblioteca, que guarda obras que, por serem consideradas heréticas, não mereceriam tanto destaque, já que a própria heresia é discutível do ponto de vista tanto religioso quanto do filosófico. Mas, em uma época de pensamento e regência absolutistas, tudo era imposto.

Na verdade, dos evangelhos apócrifos aos textos escritos por aqueles considerados heréticos e perigosos, o fato é que, até hoje, não se teve uma explicação satisfatória por parte dos clérigos do motivo pelo qual esses livros foram guardados nessa biblioteca. E do porquê, ainda hoje, de alguns desses escritos ainda não serem de consulta pública.

O que se sabe é que tais escritos eram guardados para um suposto estudo por parte dos doutores da Igreja para entender melhor a mentalidade herética e os motivos que os levavam a combater ideias diferentes das deles. Com certeza, houve casos de clérigos que, após lerem tais textos, resolveram trocar de lado, mas seus nomes ou são pouco conhecidos, ou simplesmente se perderam na história.

Por tudo isso, reunimos neste livro um apanhado de estudos, pesquisas, informações e fatos sobre esse fascinante assunto. Discorreremos sobre a história do lugar, os detalhes de sua criação e formação, informações sobre a Inquisição e as heresias, cujos processos lotaram as enormes prateleiras de registros e dados sobre alguns grupos que, na Idade Média e em outras eras, se atreveram a levantar a voz contra o domínio da Igreja Católica, além dos evangelhos proibidos, mistérios, polêmicas e segredos, inclusive relacionados à renúncia do agora papa emérito Bento XVI.

Tudo o que foi aqui colocado foi feito sob um ponto de vista analítico, pois não pretendemos dar a resposta definitiva a indagações, mistérios e dúvidas, mas sim fazer com que o leitor tenha subsídios para tirar conclusões por si.

Na busca da verdade, uma ressalva é necessária: para que as informações obtidas dos Arquivos Secretos não exprimam apenas o ponto de vista da Igreja Católica e de seus inquisidores sobre os diversos assuntos lá tratados, é preciso cruzar dados entre os documentos do Vaticano e o que mais possa ser encontrado em outras bibliotecas e centros documentais do mundo, o que buscamos, pelo menos em parte, fazer.

De qualquer maneira, se há algo que fascina as pessoas é poder ter acesso a dados tirados de circulação e a outros assuntos considerados "proibidos" e que desafiam a realidade como conhecemos e provocam nosso imaginário a conjecturar qual é, afinal, a verdade.

Vamos, então, a eles.

Capítulo 1
A criação dos Arquivos Secretos

Os Arquivos Secretos do Vaticano surgiram oficialmente em 1610 e foram sancionados pelo papa Paulo V (1552-1621) com a intenção oficial de "resguardar o legado de Jesus Cristo, herdado por seus seguidores".

Assim, todo documento classificado como de interesse eclesiástico está guardado no acervo, que inclui decretos, cartas, processos inquisitórios e, claro, os livros proibidos que tanto atraem a atenção do público. Lá também estão catalogados vários documentos que revelam a história de vários países, além de documentos administrativos relativos ao próprio Vaticano e livros de papas, entre outras raridades.

Os clérigos que zelam por seu acervo afirmam que cuidam para que os ensinamentos de Jesus sejam passados de maneira correta entre as gerações sem que sofram alterações. Ao longo do tempo, vários textos evangélicos, correspondências apostólicas e outros tipos de documentos estiveram bem longe da curiosidade pública.

Segundo o site oficial do Vaticano, as raízes para o estabelecimento desse depositário incrível remontam à própria origem, natureza, atividades e desenvolvimento da Igreja Católica. Diz a página:

> Desde os tempos apostólicos, os papas preservaram cuidadosamente os manuscritos relativos aos exercícios de suas atividades. Essa coleção de manuscritos foi mantida no *Scrinium Sanctae Romanae Ecclesiae*, que geralmente segue os papas em suas várias residências, mas a fragilidade dos papiros, normalmente usados pela chancelaria papal até o século XI, as transferências e as mudanças políticas quase causaram a perda total do material arquivado anterior a Inocêncio III.

A partir do século XI, quando o papa e seus seguidores ganharam os papéis de destaque que mantêm até hoje, o número de escritórios da cúria cresceu. No século XV, os documentos considerados os mais preciosos foram levados para o Castelo de Sant'Ângelo.

Após vários projetos para a criação de um arquivo principal, Paulo V finalmente deu a ordem para a transferência dos registros das bulas papais, comunicados, livros da câmara e as coleções de documentos anteriores à época de Pio V (1504-1572) para cerca de três salões próximos à Sala Paoline, que já era uma espécie de biblioteca secreta de uso exclusivo. Foram cerca de 300 documentos classificados da seguinte maneira: "Para uso privado dos pontífices romanos".

Durante o século XVII, os arquivos cresceram de maneira considerável, especialmente sob o pontificado de Urbano VIII (1568-1644), quando foram acrescentados documentos, como as bulas de Sisto IV e Pio V, e os documentos dos secretários de Alexandre VI a Pio V. Os livros foram então transferidos para a câmara apostólica de Avignon, juntando-se aos do período do Cisma e aos documentos sobre o Concílio de Trento.

Os arquivos sofreram nova ampliação de conteúdo sob o pontificado de Alexandre VII (1599-1667), que escolheu concentrar a correspondência diplomática da secretaria de estado em um andar específico dos palácios vaticanos. Na primeira metade do século XIII, durante as administrações de Pietro Donnino de Pretis e Filippo Ronconi, os documentos mantidos nos arquivos foram postos em ordem pela primeira vez, e muitos achados mantêm a ordem original até hoje.

Indexação das informações

Entre 1781 e 1782, a história dos Arquivos foi dominada por Giuseppe Garampi, o principal criador, entre outras coisas, do famoso sistema de índice que leva seu nome. Ele manteve muitas aquisições, depósitos e conseguiu muitas transferências de material, inclusive cerca de 1.300 livros da câmara.

Em 1783, tudo o que ainda restava em Avignon foi levado para o Vaticano, incluindo uma série de registros chamados de *Registra Avenionensia*. Em 1798, os registros que estavam no Castelo Sant'Ângelo também foram transferidos para lá, e Garampi já havia assumido como arquivista do Vaticano e do castelo.

Assim, o acervo foi acrescido de 81 documentos com selos de ouro, entre os quais constava um diploma de Friedrich Barbarossa ou Frederico I, sacro imperador romano-germânico (1122-1190), que datava de 1164. Em 1810, por ordem de Napoleão Bonaparte, quando de sua invasão à

Itália, os arquivos foram levados para Paris e apenas voltaram para seu local original entre 1815 e 1817, o que causou a perda de vários documentos.

Quando as tropas italianas conquistaram Roma, em 1870, os arquivos encontrados fora dos muros vaticanos foram confiscados pelo então recém-nascido estado italiano, que assim formou o núcleo dos arquivos de estados de Roma.

No século XVII os arquivos foram retirados da biblioteca do Vaticano, até então seu local sede, e permaneceram fechados para pessoas não autorizadas até o fim do século XIX, quando passaram a ser abertos parcialmente pelo papa Leão XIII. Desde então, o acervo se tornou um dos mais importantes do mundo.

Em 1892, uma parte enorme da *Dataria Apostolica*, um dos cinco *Ufficii di Curia*, órgão da cúria romana anexo à chancelaria apostólica, foi criada no século XII e extinta no século XX durante o pontificado de Pio X. Durante o século passado, bem como em partes modernas dos arquivos da secretaria do estado, apareceram também arquivos da secretaria de comunicados da rota romana, tribunal com lei própria, também chamado de tribunal da rota romana ou *tribunal rotae romanae*, que funciona como instância superior no grau de apelo junto à sé apostólica para tutelar os direitos na Igreja de várias congregações, do palácio apostólico, do primeiro Concílio do Vaticano e até de famílias ligadas à história da cúria, incluindo Borghese, Boncompagni, Rospigliosi, Ruspoli, Marescotti, Montoro, entre outras.

No ano 2000, o arquivo completo sobre o segundo Concílio do Vaticano foi transferido pelo papa Paulo VI (1897-1978), que liberou o acesso de pesquisadores em um limite além do normalmente imposto para consultas.

Hoje em dia, a documentação mantida nos Arquivos Secretos está em constante crescimento e cobre cerca de 800 anos de história, de 1198 em diante, com alguns documentos isolados pertencentes aos séculos X e XI. O item mais antigo conservado por lá é o *Liber Diurnus Romanorum Pontificum*, um antigo livro com as declarações da chancelaria papal que remontam ao século VIII.

A abertura dos Arquivos

Talvez não haja um anúncio de maior expectativa, principalmente para o mundo dos pesquisadores, que a abertura total ou parcial dos Arquivos Secretos do Vaticano ao público. Imagine-se ter acesso a milhares de documentos históricos, em um acervo que é comparável ao de grandes museus do mundo, como o Museu Britânico ou o Louvre, mas composto apenas e tão-somente por papéis inéditos, que não veem a luz do dia há séculos.

Não é à toa que, a cada anúncio de abertura de uma parte dos Arquivos Secretos do Vaticano, o mundo noticia esse fato com destaque. O Vaticano conhece o fascínio que seus arquivos exercem nas pessoas. Os últimos períodos de abertura foram:

- Em 1966: textos do período do pontificado de Pio XI, de 1846 a 1878.
- Em 1978: textos do período do pontificado de Leão XIII, de 1878 a 1903.
- Em 1985: textos do período dos pontificados de Pio X, de 1903 a 1914, e de Bento XV, de 1914 a 1922.

Em 2003, o papa João Paulo II abriu a documentação referente ao arquivo histórico da secretaria de estado (segunda seção), que possui textos que narram as perigosas interações do Vaticano com a Alemanha durante o nazismo. O meio acadêmico sempre se interessou, motivo pelo qual Pio XI se manteve de certa maneira inerte à perseguição realizada contra os judeus, o que levou à especulação de que o papa teria alguma espécie de acordo secreto com Hitler.

A abertura total dos Arquivos Secretos do Vaticano seria um acontecimento ímpar. Primeiro, por ter um dos acervos mais antigos e em excelente estado de conservação, graças aos esforços dos especialistas que lá trabalham, em geral ligados à Igreja ou ao próprio clero. Depois pela própria importância histórica dos documentos lá guardados. Afinal, onde mais há ainda conservada uma cópia da carta de Henrique VIII ao papa Clemente VII, de 1530, pedindo a anulação de seu casamento com Catarina de Aragão? Ou uma cópia do famoso Pergaminho de Chinon, documento que prova que o papa Clemente V absolveu secretamente o último grão-mestre, Jacques de Molay, e os demais líderes dos Templários, em 1308, das acusações feitas pela Santa Inquisição de heresia e que levou ao fim da Ordem dos Templários?

É claro que, justamente por seu alto valor histórico, o Vaticano aproveita para levantar recursos à custa dos interessados em manter esses documentos em coleções particulares ou mesmo em acervos de bibliotecas e museus espalhados por vários países.

Por exemplo, a carta de Henrique VIII teve 200 cópias produzidas e vendidas pela "módica" quantia de 50 mil euros, o que significou uma soma considerável para os cofres do Vaticano. O anúncio da venda das cópias da carta ganhou a mídia internacional. Abaixo a reprodução da notícia publicada em 2009 pela BBC Brasil:

> O Arquivo Secreto do Vaticano anunciou que irá publicar cópias da carta de 1530 em que nobres e religiosos ingleses pedem ao papa para anular o casamento do rei inglês Henrique VIII com Catarina de Aragão para que ele pudesse se casar com Ana Bolena. O documento original, arquivado no Vaticano com o nome de "Causa Anglica - O atribulado caso matrimonial de Henrique VIII", contribuiu para desencadear o cisma entre a Igreja Anglicana e a Igreja Católica. O original e um fac-símile, a partir do qual serão feitas outras cópias, foram apresentados para a imprensa na última terça-feira, na sede do Arquivo Secreto do Vaticano. O lançamento oficial das cópias do documento está marcado para o dia 24 de junho, durante as comemorações dos 500 anos da ascensão de Henrique VIII ao trono da Inglaterra. O texto é considerado uma das páginas fundamentais da história inglesa. Nele, 85 nobres e religiosos ingleses se dirigem ao papa Clemente VII pedindo a anulação do casamento do rei com Catarina de Aragão, a primeira das seis esposas de Henrique 8°. Para se casar com Catarina, o rei da Inglaterra, que subiu ao trono em 1509, já tinha pedido uma autorização especial do pontífice, porque ela era viúva de seu irmão. A primeira cópia da carta vai ser dada ao papa Bento 16, que deve visitar a Inglaterra até o final do ano. As demais publicações serão vendidas a museus, institutos de cultura e colecionadores privados. Os interessados deverão desembolsar cerca de 130 mil reais para comprar uma das cópias e, provavelmente, comprometer-se a expô-la a um público mais amplo. Até agora, o documento podia ser visto apenas por chefes de Estado, ou outras autoridades, em visita oficial ao Vaticano. Segundo o diretor do Arquivo Secreto do Vaticano, monsenhor Sergio Pagano, o dinheiro arrecadado com as vendas vai ser usado para restaurar parte do acervo da instituição, um dos mais ricos do mundo.

O imaginário popular pensa que se documentos históricos tão importantes encontraram um lar em meio à sede mundial da Igreja Católica, o que mais poderá haver lá para precisar ser tão bem guardado?

Claro que os "conspirólogos" fazem a festa e deliram em cima do que possa haver por lá, que iria desde algum texto assinado pelo próprio Jesus Cristo, até relíquias de santos medievais preservadas por motivos escusos. O fato é que a conservação que os especialistas dos arquivos realizam parece dar o efeito necessário.

A editora que cuidou da reprodução da carta de Henrique VIII afirmou, na época do lançamento das cópias, que "no pergaminho (do Vaticano) estão pendurados lacres magnificamente conservados, enquanto o documento que ficou na Inglaterra está em estado de conservação precário. Em algumas partes chega a ser ilegível e não há nenhum lacre". Se a Inglaterra, que deveria ter sua cópia bem-conservada, a tem em estado precário, imagine só como estaria a do Vaticano, com seus 85 lacres, emoldurados em metal e unidos por uma fita de algodão e seda de 40 metros de comprimento. Somente esse documento pesa por volta de 2,5 quilos.

Existem atualmente pelo menos dois cargos de destaque na hierarquia ligada aos Arquivos Secretos: o de prefeito dos arquivos, que cuida da administração desse órgão, e o de arquivista, que cuida do acervo em si.

Prefeitos e arquivistas dos Arquivos Secretos do Vaticano

Prefeitos	Arquivistas
De 1751 a 1772: Irmão Giuseppe Garampi	De 1891 a 1893: Cardeal Agostino Ciasca
De 1772 a 1782: Irmão Mario Zampini	De 1894 a 1896: Cardeal Luigi Galimberti
De 1782 a 1815: Irmão Gaetano Marini	De 1896 a 1908: Cardeal Francesco Segna
De 1782 a 1822: Irmão Calisto Marini	De 1908 a 1911: Irmão Francesco Salesio Della Volpe
De 1815 a 1855: Irmão Marino Marini	De 1912 a 1913: Irmão Mariano Rampolla del Tindaro
De 1855 a 1870: Irmão Augustin Theiner	De 1914 a 1917: Irmão Francesco di Paola Cassetta
De 1870 a 1873: Dom Giuseppe Cardoni	De 1917 a 1929: Irmão Francis Aidan Gasquet
De 1873 a 1877: Cardeal Carlo Cristofori	De 1929 a 1934: Irmão Franz Ehrle
De 1877 a 1879: Irmão Francesco Rosi Bernardini	De 1936 a 1957: Irmão Giovanni Mercati
De 1879 a 1890: Joseph Hergenröther	De 1957 a 1971: Irmão Eugène-Gabriel Tisserant
De 1891 a 1892: Cardeal Agostino Ciasca	De 1974 a 1983: Cardeal Antonio Samore
De 1892 a 1894: Irmão Luigi Tripepi	De 1983 a 1988: Irmão Alfons Maria Stickler
De 1894 a 1909: Irmão Peter Wenzel	De 1988 a 1992: Irmão Antonio María Javierre Ortas
De 1909 a 1925: Monsenhor Mariano Ugolini	De 1992 a 1998: Irmão Luigi Poggi
De 1925 a 1955: Irmão Angelo Mercati	De 1998 a 2003: Irmão Antônio Maria Jorge Mejia
De 1955 a 1984: Irmão Martino Giusti	De 2003 a 2007: Cardeal Jean-Louis Tauran
De 1984 a 1996: Irmão Josef Metzler	De 2007 até o momento: Cardeal Raffaele Farina
De 1997 a 2007: Irmão Raffaele Farina	
De 2007 até o momento: Irmão Sergio Pagano	

Lendas e especulações

Por vezes, é claro, as pessoas se deparam com algumas informações inusitadas nos Arquivos. Por exemplo, vejamos a notícia abaixo, divulgada pela agência *Acclesia*, a agência de notícias da Igreja Católica em Portugal, em setembro de 2006:

A Santa Sé procede, a partir de hoje, à abertura da totalidade dos arquivos do pontificado do papa Pio XI (1922-1939). Até agora, apenas uma parte destes arquivos está disponível para consulta aos investigadores. A abertura destas fontes históricas refere-se, nomeadamente, a toda a atividade diplomática da Santa Sé, no período que antecedeu a II Guerra Mundial, e foi decidida por Bento XVI, seguindo um desejo já antes manifestado pelo seu antecessor João Paulo II. Assim, passarão a estar disponíveis à investigação histórica, nos limites dos regulamentos, todos os fundos documentais até a fevereiro de 1939 [...] nomeadamente os Arquivos Secretos do Vaticano e os arquivos da segunda secção da Secretaria de Estado responsável pelos negócios diplomáticos, concretiza o comunicado. O trabalho de cerca de 20 pessoas, nos últimos quatro anos, torna possível a abertura dos Arquivos Vaticanos relativos ao Pontificado de Pio XI (1922-1939) e, com isso, o acesso a um enorme campo de pesquisa histórica.

O período abarca as trágicas consequências da I Guerra Mundial, o percurso que levou à II Guerra Mundial; a chegada ao poder de Mussolini, Hitler ou Estaline; a crise de 1929, as guerras coloniais e civis, e as leis raciais alemãs e italianas, entre outros acontecimentos. Pio XI foi uma presença notável, nesta altura: resolveu a questão romana com os Pactos Lateranenses (1929), protegeu e aumentou a Ação Católica, celebrou o Jubileu de 1925 e o extraordinário em 1933-1934, planeou um enorme projeto missionário que chegou à China, desenvolveu sua ação para o Oriente, olhou com olhos novos a ciência, estabeleceu relações diplomáticas entre a Santa Sé e vários países do mundo. O prefeito do Arquivo Secreto Vaticano, o padre Sergio Pagano, anunciou oficialmente já em 2002 que, após a abertura do Pontificado de Pio XI, tudo se fará para disponibilizar as fontes documentais vaticano-alemãs relativas ao pontificado de Pio XII (1939-1958), em parte já publicadas por vontade de Paulo VI nos 12 volumes (1965-1981) dos *Actes et documents du Saint-Siège relatifs a la seconda guerra mondiale*. Há algum tempo está também disponível o fundo do "departamento de informações vaticano para os prisioneiros de guerra", que compreende documentos de 1939 a 1947. Além disso, foram também abertos os arquivos das nunciaturas de Munique e de Berlim até 1939.

Em julho de 2010, a editora belga VdH Books anunciou o lançamento do livro *The Vatican secret Archives*, com nada menos que 252 páginas cheias de fotografias do complexo e reproduções de documentos restritos. Auxiliada pelo cardeal Raeffaele Farina, o atual arquivista do local, a equipe do livro teve autorização para apresentar algumas reproduções dos arquivos, com comentários históricos detalhados do religioso.

O volume traz textos sobre nomes históricos que estão presentes no acervo, com um ou outro documento, como o do pintor e escultor Michelangelo, o do escritor Voltaire, da Rainha Elizabeth I, do Dalai Lama e até o presidente norte-americano Abraham Lincoln. Também traz detalhes sobre figuras polêmicas, como os Cavaleiros Templários e o físico e astrônomo Galileu Galilei.

Aborda ainda a tentativa de Henrique VIII de se divorciar de Catarina de Aragão para casar com Ana Bolena e uma carta revoltada do papa Pio XI para Hitler, datada de 1934. Somente por esses exemplos podemos ver o quanto a instituição e seu acervo são polêmicos.

Não é para menos que suscitam tantas lendas e teorias de conspiração. E o fato de que, para visitar os quase 85 quilômetros de prateleiras, é necessário passar por um longo processo de aplicação, a fim de ser um dos 1.500 estudiosos selecionados para ter acesso ao local, não ajuda muito a acabar com os boatos.

De fato, a melhor chance que uma pessoa comum tem de conhecer o interior dos arquivos e de ler alguns documentos é mesmo pelo livro, uma vez que nem o site oficial (http://asv.vatican.va) traz informações tão precisas sobre os documentos lá contidos. Os interessados brasileiros, para terem acesso a alguns destaques de lá, devem procurar o site em inglês, já que a página em português não possui tantas informações assim.

Quanto ao livro belga, quem quiser obter uma cópia precisa se apressar e correr até a livraria mais próxima que trabalhe com importações e reservar o seu, pois cada edição é limitada a 50 cópias apenas.

Capítulo 2
A Santa Inquisição

Passamos agora a tratar da conturbada história daquela que seria uma das principais fontes de documentos dos Arquivos Secretos do Vaticano: a Santa Inquisição, o terror que condenou milhares de pessoas à morte em nome da preservação do catolicismo.

A imagem que ficou popularizada é a dos inquisidores com longas vestes escuras que apontavam o dedo para o acusado de algum delito, em geral bruxaria ou heresia, considerada mais grave, e que agia muitas vezes ao mesmo tempo como juiz, júri e executor.

A primeira coisa que vem à mente das pessoas é saber como uma instituição de caráter religioso acumulou tanto poder a ponto de desafiar até mesmo os reis, em uma época em que aqueles governantes se achavam com direito divino e absoluto de governar.

Para tanto, é necessário entender o papel da Inquisição desde sua concepção. Segundo o historiador Gilberto Coltrim, a Santa Inquisição foi criada para combater o sincretismo, definido como "fusão de diferentes cultos ou doutrinas religiosas, com reinterpretação de seus elementos", entre certos grupos religiosos que se valiam da adoração de plantas e animais e praticavam *mancias*, adivinhações por meio de algo designado pelo precedente. Essa era sua função original, já que a Inquisição, como a conhecemos, é derivada da versão medieval, mas, na verdade, existiram instituições anteriores dedicadas a tais combates.

Um fator importante é entender que, embora o termo heresia seja utilizado até hoje, ele ficou ligado à Idade Média e às ações da atual "Congregação para a doutrina da fé", o novo nome sob o qual a Santa Inquisição sobrevive até hoje. A cada dia que passa, os doutores da igreja reveem os atos de seus antepassados e admitem que "a prática inquisitorial estava errada ao punir com violência e morte de indivíduos hereges", como foi declarado pelo papa João Paulo II no artigo "Perdoai as nossas ofensas", na revista *Veja Especial*, de 6 de abril de 2005.

O que não se pode deixar de admitir é o fato de que a Inquisição foi e é considerada ainda como uma das instituições humanas que mais feriu os direitos humanos, principalmente o da livre escolha religiosa.

As heresias

A palavra heresia vem do latim *haerĕsis*, que, por sua vez, deriva de um termo grego que significa basicamente escolha ou opção. Trata-se, portanto, de uma linha de pensamento diferente ou contrária a um credo já estabelecido por meios ortodoxos.

O termo também é usado para definir qualquer tipo de deturpação de sistemas filosóficos instituídos, bem como alterações observadas em ideologias políticas ou até mesmo em movimentos artísticos. O fundador de uma heresia, mesmo que não a considere como tal, passa a ser conhecido como heresiarca.

O historiador José D'Assunção Barros, que também é musicólogo, coloca o termo herege como "alguém, investido de poder eclesiástico e institucional que classificou sua prática ou suas ideias como destoantes e contrárias a uma ortodoxia oficial que se autopostula como o caminho correto". É claro que, para quem não conhece, a associação entre heresia e religião, principalmente com a católica, é quase imediata. A própria ortodoxia religiosa define a heresia como "desvio da verdade universal, de modo que mesmo se todos os seres humanos acreditarem em um erro, ele não passará, por isso, a ser verdade", segundo Barros.

Mas como surgiu esse termo? Pelos registros históricos, foi com os cristãos, que o usavam para nomear ideias que vinham de encontro às suas crenças, que eram catalogadas como "falsas doutrinas". Assim, terminou por ser adotado tanto pela Igreja Católica quanto pelas denominações protestantes, já que ambas afirmam que heresia é uma doutrina contrária à verdade que teria sido revelada por Jesus Cristo, ou seja, seria uma má interpretação da Bíblia, dos profetas e até do próprio Cristo, sem falar de uma deturpação dos conceitos aplicados quando uma pessoa se torna sacerdote, o que representaria risco para o próprio magistério. Isso tudo calcado na própria Bíblia, que alerta em Gálatas 5:20 sobre os perigos da existência de "idolatria, feitiçaria, inimizades, porfias, emulações, iras, pelejas, dissensões, heresias".

> ### A inquisição em *O nome da rosa*
>
> No livro *O nome da rosa*, de Umberto Eco, o personagem principal, o monge franciscano Guilherme (ou William) de Baskerville é um ex-inquisidor que, cansado de pactuar com as atrocidades da Inquisição, deixa o cargo. A ação se passa durante uma série de assassinatos que acontecem na abadia onde ocorrerá um debate sobre uma questão teológica ligada à filosofia da Igreja, um inquisidor real chamado Bernardo Gui (1261/1262-1331) chega para analisar a série de assassinatos.
>
> O inquisidor descobre um despenseiro que se envolve com bruxaria para atrair uma jovem camponesa para que faça sexo em troca de comida. Interessado em impor o poder da Inquisição sobre os componentes da abadia, Bernardo Gui acusa outros personagens menores e os condena a serem queimados na fogueira. Para corroborar seu veredito, ele pede para que Guilherme o confirme. E o monge franciscano sabe o que acontece com quem contesta a opinião de um inquisidor: ele próprio poderia ser acusado de compactuar com os supostos heréticos e, assim, se tornar um deles por associação.

As acusações

O acusado na Inquisição era responsabilizado por uma "crise de fé", pela qual poderia, ou não, ter relação com fenômenos naturais como pestes, terremotos, doenças e miséria social. Ele era então preso e entregue às autoridades estatais para ser punido. As penas variavam de confisco de bens à pena de morte na fogueira. O uso do fogo foi o modo de punição mais famoso, embora outros meios fossem utilizados. Essas punições tinham um significado religioso, já que o fogo era o símbolo da purificação e materialização da desobediência a Deus, ou seja, do pecado e ilustração da imagem do inferno.

As punições com fogo também envolviam autores de livros polêmicos. Em 1756, em Londres, por exemplo, há o registro do que teria sido levado à execução um Cavaleiro de Oliveira, na verdade o escritor português Francisco Xavier de Oliveira (1702-1783): a publicação da obra *Discours pathetéque ou suget des calamites*, publicado naquela cidade. Há duas versões para essa execução: em uma delas, o cavaleiro foi queimado com o livro suspenso ao pescoço como herege convicto. Na segunda, o livro foi colocado em uma estátua do escritor e então queimada.

É importante lembrar, entretanto, que os tribunais da Inquisição não eram permanentes, e sim entravam em funcionamento em casos de heresia comprovada e depois eram desativados. Quando houve a Reforma Protestante, no século XVI, foram instituídos outros métodos judiciários de combate à heresia. Neles o delator que apontava um herege garantia sua própria fé em público e sua condição perante a sociedade. Basta lembrar que a caça às bruxas teve origem em países protestantes e não foi liderada pela Inquisição.

Outro ponto que deve ficar claro é que a Inquisição apenas fazia as investigações e inquéritos, deixando a aplicação da pena final para o poder secular. Aos poucos, a partir do século XIX, os tribunais inquisitórios foram suprimidos pelos estados europeus, embora fossem mantidos pelo Estado Pontifício, hoje a cidade-estado do Vaticano.

A partir de 1908, no pontificado de Pio X (1835-1914), a Inquisição ganhou a nova denominação de Sacra Congregação do Santo Ofício e, em 1965, quando aconteceu o Concílio Vaticano II, assumiu o nome que tem hoje: Congregação para a Doutrina da Fé.

Condenações e punições

A condenação máxima imposta pela Igreja para aqueles que eram acusados de heresia era a excomunhão e, depois, a morte por tortura ou mesmo na fogueira. Mesmo assim, o condenado não era executado sem mais nem menos; era necessário passar pelo menos mais de um ano excomungado e ser formalmente processado pela Igreja como tal. Pesquisadores afirmam que o processo culminava, em geral, com a sentença da entrega do herege ao braço secular da Igreja.

Mas como surge uma heresia? Desde Jesus, passando pelos apóstolos, houve um esforço aparente e visível para que o cristianismo se tornasse a religião unitária, ou seja, que fosse a predominante. Historicamente falando, a primeira manifestação nesse sentido foi a manutenção da unidade em torno da figura do apóstolo Pedro. O argumento se baseia, é claro, no texto bíblico, que afirma que se há um só Deus, revelado em Jesus Cristo, que por sua vez fundou "Sua única Igreja" (como visto em Marcos 16:18) e que Jesus teria dito "Eu sou o Caminho, a Verdade e a Vida", tudo isso leva a crer que não podem existir outros tipos de verdades.

Com o passar do tempo essas afirmações começaram a ser contestadas e geraram vários desdobramentos, cisões, rejeições da autoridade única e terminaram por proliferar nas mais diversas formas de religiosidade relacionadas com o Cristianismo. As heresias seriam então formas de religiosidade cristã que destoam das estabelecidas pelos apóstolos, mártires e primeiros cristãos em geral. No primeiro século da Era Cristã os movimentos heréticos iam contra as ideias propagadas por nomes consagrados da Igreja, que iam do próprio apóstolo João, já em idade avançada, até Clemente Romano ou São Clemente, quarto papa da Igreja entre 88 e 97, Orígenes de Cesareia (teólogo, 185-253), Inácio de Antióquia (bispo da Síria, 67-110), Policarpo de Esmirna (bispo daquela cidade, 70-160) e Irineu de Lyon (teólogo e escritor, 130-202), entre outros.

O uso da palavra heresia no contexto cristão começou com Irineu de Lyon em sua obra *Contra Haereses* (contra heresias) para descrever e, ao mesmo tempo, desacreditar seus oponentes no começo das atividades cristãs. Ele descreveu sua própria posição como sendo ortodoxa, que mais tarde, segundo algumas fontes, seria o padrão adotado pelos defensores católicos. Mas como funciona o ponto de vista herético? Segundo os teólogos, os hereges não percebem suas próprias crenças como algo grave ou ofensivo para a ética em voga. Por exemplo, algumas correntes católicas consideram o protestantismo como heresia, enquanto outros não católicos chamam o catolicismo de "a grande apostasia".

Para haver uma heresia, deve haver um sistema autoritário de dogmas, designados como ortodoxos, ou seja, que concorde com as leis que a Igreja considera verdadeiras. O primeiro uso conhecido do termo em um contexto legal foi em 380 d.C., no chamado Édito de Tessalônia, imposto pelo imperador romano Teodósio, em 27 de fevereiro de 380. Veja-se abaixo trecho do documento:

> Édito dos imperadores Graciano, Valentiniano (II) e Teodósio Augusto, ao povo da cidade de Constantinopla. Queremos que todos os povos governados pela administração da nossa clemência professem a religião que o divino apóstolo Pedro deu aos romanos, que até hoje foi pregada como a pregou ele próprio, e que é evidente que professam o pontífice Dâmaso e o bispo de Alexandria, Pedro, homem de santidade apostólica. Isto é, segundo a doutrina apostólica e a doutrina evangélica cremos na divindade única do Pai, do Filho e do Espírito Santo sob o conceito de igual majestade e da piedosa Trindade. Ordenamos que tenham o nome de cristãos católicos quem siga esta norma, enquanto os demais os julgamos dementes e loucos sobre os quais pesará a infâmia da heresia. Os seus locais de reunião não receberão o nome de igrejas e serão objeto, primeiro da vingança divina, e depois serão castigados pela nossa própria iniciativa que adotaremos seguindo a vontade celestial. Dado o terceiro dia das Kalendas de março em Tessalônica, no quinto consulado de Graciano Augusto e primeiro de Teodósio Augusto.

Antes da emissão desse édito, a Igreja não era apoiada por nenhum mecanismo em particular que justificasse a visão de algo que ameaçasse sua soberania. Com esse documento, a divisão entre a Igreja cristã e o estado romano se tornou tênue, e uma das consequências foi o compartilhamento dos poderes de estado das forças mantenedoras da ordem pertencentes às autoridades ligadas às duas instituições.

Essa nova autoridade eclesiástica deu à Igreja o poder de pronunciar sentenças de morte sobre aqueles que julgava serem hereges. Por cerca de cinco anos após a oficialização do lado "criminoso" da heresia pelo imperador, foi executado o primeiro herético cristão, um bispo hispânico chamado Prisciliano (340-385), fundador do priscilianismo e executado por oficiais romanos.

Em termos gerais, tratava-se de uma doutrina que incentivava a Igreja a abandonar a opulência e a riqueza para se reunir com os pobres. Condenava a escravidão, atribuía ampla liberdade e importância para as mulheres e abria as portas dos templos para elas assumirem seus papéis como participantes ativos.

O primeiro texto de tal doutrina conhecido foi escrito por Egeria, uma monja galega que viveu por volta do ano 381. Por anos, após a Reforma Protestante, no século XVI, as Igrejas daquele movimento também se dedicaram a executar supostos hereges como podem atestar os julgamentos de bruxas na cidade norte-americana de Salem, em Massachusetts.

O último herético executado por uma sentença católica foi Cayetano Ripoll (1778-1826), um professor espanhol enforcado e acusado de não acreditar nos dogmas católicos. Foi a última vítima da inquisição espanhola.

Apesar da verdadeira devassa que os historiadores já fizeram em várias fontes conhecidas, ainda não é possível apontar com certeza o número de vítimas executadas pelos mandos e desmandos de várias autoridades eclesiásticas, mas estima-se que chegue a alguns vários milhares.

Para alguns, por causa da forte conotação negativa associada ao termo, a palavra heresia passou a ser usada com menos frequência nos dias modernos. Há, entretanto, algumas exceções, como no caso de Rudolf Bultmann (1884-1976), um teólogo alemão que praticamente definiu a separação entre história e fé, chamada de *demitologização*, definida como tentativa hermenêutica de analisar o significado real da linguagem mitológica usada na Bíblia, em especial no Novo Testamento, ou nos ainda persistentes debates que envolvem as ordenações de mulheres e homossexuais.

As heresias em outras religiões

É claro que, para a maioria das pessoas esclarecidas, o que passa pela cabeça é descobrir se a questão da heresia é uma exclusividade católica, ou melhor, cristã, ou se é possível encontrar tal conceito nas demais grandes religiões. Para tanto, vamos dar uma olhada em como tal conceito é encarado pelos judeus e muçulmanos. No judaísmo, o ortodoxismo possui alguns pontos de vista que diferem dos princípios tradicionais de fé. Os grupos mais ligados ao tradicionalismo afirmam que todos os judeus que rejeitam o significado simples das 13 Maimônides, corrente fundada por Moisés Maimônides, 1135/1137/1138-1204, que contém muitos dos preceitos da fé judaica, são considerados como hereges. Esses princípios estão descritos conforme Roque Frangiotti:

- Creio plenamente que D'us é o Criador e guia de todos os seres, ou seja, que só Ele fez, faz e fará tudo.
- Creio plenamente que o Criador é um e único; que não existe unidade de qualquer forma igual à d'Ele; e que somente Ele é nosso D'us, foi e será.
- Creio plenamente que o Criador é incorpóreo e que está isento de qualquer propriedade antropomórfica.
- Creio plenamente que o Criador foi o primeiro (nada existiu antes d'Ele) e que será o último (nada existirá depois d'Ele).
- Creio plenamente que o Criador é o único a quem é apropriado rezar, e que é proibido dirigir preces a qualquer outra entidade.
- Creio plenamente que todas as palavras dos profetas são verdadeiras.
- Creio plenamente que a profecia de Moshe Rabeinu (Moisés) é verídica, e que ele foi o pai dos profetas, tanto dos que o precederam como dos que o sucederam.
- Creio plenamente que toda a Torá que agora possuímos foi dada pelo Criador a Moshe Rabeinu.
- Creio plenamente que esta Torá não será modificada e nem haverá outra outorgada pelo Criador.
- Creio plenamente que o Criador conhece todos os atos e pensamentos dos seres humanos, eis que está escrito: "Ele forma os corações de todos e percebe todas as suas ações" (Tehilim 33:15).
- Creio plenamente que o Criador recompensa aqueles que cumprem os Seus mandamentos, e pune os que transgridem Suas leis.
- Creio plenamente na vinda do Mashiach (Messias) e, embora ele possa demorar, aguardo todos os dias a sua chegada.
- Creio plenamente que haverá a ressurreição dos mortos quando for a vontade do Criador.

Já no islamismo, os dois principais grupos religiosos, os sunis, considerados como o maior ramo do Islã, já que em 2006 correspondiam a 84% do total de fiéis, e os shias ou xiitas, cerca de 15% do total, consideram-se mutuamente como heréticos.

Grupos como os ismaelenses, os hurufistas, os alauitas e mesmo os sufis também já foram considerados por algumas correntes dentro de sua própria religião como heréticos. Embora o sufismo seja frequentemente aceito como válido pelos xiitas e por muitos sunitas, o recente movimento dos wahhabistas, seguidores do wahhabismo, movimento religioso que foi criado na Arábia central em meados do século XVIII por Muhammad bin Abd al Wahhab, os considera heréticos.

As principais correntes hereges

Anabatistas - Nome que significa "rebatizadores". Cristãos da chamada "ala radical" dos protestantes, batizados em idade adulta, desconsiderando até então o batismo obrigatório da Igreja Romana. Mesmo os que já tinham sido batizados em criança recebiam o sacramento novamente, pois "o verdadeiro batismo só tem valor quando as pessoas se convertem conscientemente a Cristo".

Paulicianos - Seguidores de Paulo da Samósata, bispo de Antioquia. Acreditavam serem originários dos Apóstolos e que tinham seu início a partir das pregações deles no primeiro século depois de Cristo. Pela falta de recursos que comprovassem tal início, foram detestados pelos Imperadores bizantinos que defendiam o catolicismo.

Montanismo - Fundado por Montano, profeta asiático que viveu entre os séculos II e III. Seu movimento via as revelações proféticas sem fundamentação bíblica, exegese ou interpretação sólida. Suas interpretações deixavam as pessoas apreensivas e oprimidas, preocupando-se com a vinda do Espírito Santo e a chegada do fim do mundo.

Ofismo - Doutrina surgida por volta do ano 100 e resultante de várias seitas surgidas entre o Egito e a Síria. Atribuía grande importância à serpente citada no Gênesis e a considerava como a portadora do conhecimento do Bem e do Mal e, por isso, um importante símbolo da Gnose ou conhecimento.

Bogomilismo - O termo significa "Amado/Querido de Deus" no velho idioma búlgaro. Surgiu a partir do avanço dos paulicianos (grupo com uma visão teológica do cristianismo primitivo) para o Ocidente a partir do século VII. Surgiu no antigo império búlgaro que, na época, se estendia da Ucrânia ao Adriático.

Foi considerado como uma seita dualista datada do século X. Dizia-se a "verdadeira e oculta Igreja Cristã". Teria precipitado o surgimento do catarismo e era tradicionalmente reconhecido pelos inquisidores como "a tradição oculta por trás do catarismo", conforme o já citado João Ribeiro Júnior.

Puritanismo - Concepção da fé cristã desenvolvida na Inglaterra por uma comunidade de protestantes radicais depois da Reforma. Pretendia purificar a Igreja Anglicana, ao retirar os resíduos do Catolicismo, de modo a tornar sua liturgia mais próxima à do Calvinismo.

Monarquianismo - Série de crenças que enfatizam a Unidade Absoluta de Deus. A crença conflita com a doutrina da Trindade, que vê em Deus uma unidade composta pelo Pai, Filho e Espírito Santo. O adicionismo, uma de suas correntes, diz que Deus é um único ser, superior a tudo e completamente indivisível. Assim, o Filho não foi coeterno com o Pai, mas sim revestido (ou adotado) de Deus para pôr em prática seus desígnios.

Maniqueísmo - Fundada pelo profeta persa Mani ou Manes no século III, na Pérsia ou na Babilônia. Divide o mundo entre Bem, ou o Deus bom, e o Mal, ou o Deus mal. A matéria é intrinsecamente má, por isso o espírito é intrinsecamente bom e, ao tomar um corpo físico, deixa-se corromper.

Arianismo - Visão sustentada pelos seguidores de Arius, bispo de Alexandria nos primeiros tempos da Igreja primitiva. Esse movimento negava a existência da consubstancialidade (ou seja, que possui a mesma substância) entre Jesus e Deus. O Cristo seria preexistente, uma criatura mais excelsa, que encarnara em Jesus de Nazaré. Este seria, por sua vez, um subordinado de Deus, e não o próprio. Ário afirmava que só existe um Deus e que Jesus seria apenas seu filho, e não o próprio.

Nestorianismo - Doutrina do século V que afirma que há em Jesus Cristo duas pessoas distintas: uma humana e outra divina, completas de tal forma que constituem dois entes independentes. Essa doutrina surgiu em Antióquia e manteve forte influência na Síria. É sustentada ainda hoje por correntes ligadas ao movimento Rosacruz e à Gnose.

A Inquisição medieval

A versão medieval da Inquisição começou suas atividades em 1184, na famosa região do Languedoc, no sul da França, lugar polêmico por ser acusado de ser o berço de movimentos heréticos, como o dos cátaros ou albigenses. Os cátaros acreditavam em dois deuses: um bom e espiritual e outro mau e físico. Segundo sua crença, Cristo teria sido enviado para salvar as almas boas, que iriam para o céu, enquanto as más voltariam por meio da reencarnação.

Isso fez com que os clérigos criassem uma Inquisição para avaliar a propagação de tais ideias em 1183, quando delegados papais descobriram essa vertente e a consideraram heresia no Concílio de Verona, em 1184, com o nome de Tribunal da Inquisição.

Tal criação se deu por meio de duas bulas papais, assinadas por Gregório IX em abril de 1233. A partir de então, a instituição julgou e condenou vários propagadores de heresias, mas também absolveu muitos, o que é pouquíssimo divulgado. O texto seguinte é parte da bula *Licet ad capiendos*, de 1233, que marca o início da Inquisição e é dirigida aos dominicanos inquisidores. Vejamos o que diz:

> Onde quer que os ocorra pregar, estais facultados, se os pecadores persistem em defender a heresia apesar das advertências, a privá-los para sempre de seus benefícios espirituais e proceder contra eles e todos os outros, sem apelação, solicitando em caso necessário a ajuda das autoridades seculares e vencendo sua oposição, se isto for necessário, por meio de censuras eclesiásticas inapeláveis.

Vale lembrar que os dominicanos eram chamados originalmente de Ordem dos Pregadores. Têm como objetivo pregar a mensagem de Jesus e a conversão ao cristianismo. Essa ordem foi fundada em Toulouse, na França, em 1216, por São Domingos de Gusmão, um sacerdote espanhol originário da Caleruega.

Os religiosos dessa ordem viviam em conventos próximos a grandes cidades e realizavam votos de pobreza, obediência e castidade, o que os tornava religiosos não monges. Não é à toa que Humberto Eco escolheu Bernardo Gui, justamente um dominicano, para caracterizar seu inquisidor impiedoso. Essa figura histórica foi o bispo de Lodève, na região do Languedoc, e é considerado como um dos escritores mais produtivos da época.

A exemplo de muitos outros inquisidores, inclusive do polêmico Savonarola, foi poderoso, temido e respeitado dentro e fora do ambiente eclesiástico por defender seus ideais com ferocidade. Foi um dos que mais atacou os cátaros, presidindo julgamentos entre 1307 e 1323.

Outra visão da Inquisição

Analisando os fatos, é difícil pensar que alguém se atreveria a defender a Inquisição. Mesmo assim, o professor de filosofia Roman Konik, ligado à Faculdade de Filosofia da Universidade de Wroclaw, na Polônia, e autor do livro *Em Defesa da Santa Inquisição* arrisca essa posição. Seu livro despertou muito interesse, mas sofreu boicotes de livrarias, por causa da má fama que a Inquisição tem até hoje.

Em entrevista concedida à revista eletrônica *Catolicismo* ele comentou sobre a obra de Umberto Eco:

> Na mente do homem de hoje, há uma ideia comum que considera o inquisidor como um velho monge encapuzado com inclinações sádicas, inflamado do desejo de autoridade. O melhor exemplo disso é a figura de Bernard Gui, inquisidor de Toledo, descrito pelo conhecido medievalista italiano Umberto Eco em seu livro *O nome da rosa*. Pior ainda é a imagem apresentada no filme realizado com base em tal obra.
>
> Bernard Gui, como figura histórica real, foi inquisidor de Toledo e durante 16 anos exerceu esse cargo. Julgou 913 pessoas, das quais apenas 42 ele entregou ao tribunal civil como perigosos rebeldes (reincidentes, pedófilos, criminosos), o que não significava absolutamente pena de morte para eles. Em muitos casos, Gui indicava tratar-se de doença psíquica, suspeição de heresia, desistindo de interrogatórios.
>
> Segundo a visão preconceituosa dos protestantes, é certo que essas pessoas iriam para a fogueira, ao contrário da verdade histórica. É importante registrar que escritores protestantes, pouco simpáticos à Inquisição, começaram a escrever a história dela de maneira desfavorável, apresentando-a deformada. Também nas expressões artísticas das épocas posteriores à medieval verificou-se um reflexo dessa visão caricatural. Mas basta analisar o mundo artístico medieval para observar quadros que apresentam São Domingos convertendo os hereges, São Bernardo de Claraval discutindo com eles, ou então pinturas de inquisidores-mártires morrendo nas mãos de hereges, por exemplo, o martírio de São Pedro de Verona, ou de São Pedro

de Arbués, assassinado na catedral de Zaragoza. Exemplo de ódio radical contra a Igreja e da manipulação a que me referi é um quadro no Museu Nacional de Budapeste, apresentando uma sala de torturas, intitulado no catálogo "Inquisição". Só depois de muitos protestos de historiadores, mostrando que o quadro apresentava cena de tortura em um tribunal civil, é que o título foi mudado para "Sala de torturas". Lembremo-nos de que foram as descrições caricaturais de Diderot, Voltaire e até de Dostoiévski que formaram na mente do homem de hoje a visão da Inquisição como um espectro. Os historiadores poloneses também não ficaram atrás dos historiadores "progressistas". Deparando diariamente com essa visão distorcida da Inquisição, o homem comum é inclinado a aceitá-la como verdadeira.

Talvez a opinião do pesquisador seja a verdade. Afinal, há um grande número de pesquisadores que insistem em afirmar que os inquisidores eram homens esclarecidos e que tratavam os hereges como portadores de doenças mentais. O suspeito de heresia, segundo os registros históricos, era tratado assim: o suspeito não recebia os sacramentos necessários e estabelecidos pelo catolicismo. Caso ele não se arrependesse de sua conduta, seria chamada a autoridade não religiosa, principalmente em casos de agressão verbal ou física.

Se nem mesmo assim a pessoa se mostrasse arrependida, era considerada como "anátema", ou seja, reconhecida como passível de excomunhão. Alguns autores vão mais longe e afirmam que o uso da tortura em processos inquisidores era um fato bastante restrito, embora não se saiba mais detalhes do quanto poderia ser restrito. Ainda de acordo com essas pesquisas, a tortura era autorizada em casos em que não houvesse provas confiáveis, testemunhas fidedignas ou quando o acusado já tivesse antecedentes como má fama, maus costumes ou tentativas de fuga. Assim, o Concílio de Viena indicou que os inquisidores recorressem à tortura apenas em caso de aprovação pelo bispo diocesano e por uma comissão julgadora que deveria analisar cada caso.

Há também quem afirme que a tortura da Inquisição era mais branda que a aplicada pelos poderes civis e que violência como amputação de membros não era permitida sob nenhuma circunstância. Vale lembrar que a aplicação da tortura não era, de modo algum, uniforme em todos os tribunais inquisitórios e variava entre as cidades, e mesmo entre os países onde atuavam.

Alguns acessórios mais comumente usados pelos inquisidores para obter a confissão dos acusados

Cadeira inquisitória: Com até 1.600 pontas afiadas de ferro ou madeira, sobre as quais as vítimas, completamente nuas, se sentavam para serem interrogadas. Por vezes, a fim de aumentar o sofrimento, o assento de ferro era aquecido.

Esmagador de joelhos, polegares e mãos: Cada um desses três instrumentos tinha funções específicas, conforme os nomes indicam. Eram, no geral, prensas que esmagavam as ditas partes do corpo.

Esmaga seios: O instrumento preferido no século XV para torturar as mulheres acusadas de bruxaria. O seio era envolto por um ferro retangular aquecido ao máximo. Eram esmagados com movimentos bruscos e circulares.

Despertador: Uma espécie de cavalete de madeira ou de ferro, com um vértice pontiagudo. Os acusados eram puxados por cordas ligadas a roldanas e suspensos até certa altura. Depois eram rapidamente lançados sobre o despertador de forma que o ânus e as partes sexuais tocassem a ponta da pirâmide. Dependendo da maneira como o instrumento estivesse afiado, as partes íntimas arrebentavam, entre elas, os testículos, a vagina e o cóccix.

Roda de despedaçamento: O acusado era colocado de costas sobre uma roda de ferro, sob a qual havia brasas. Então a roda era girada lentamente, o que causava uma morte lenta depois de longas horas de dor e gerava queimaduras de alto grau. Há uma segunda versão onde a roda é usada para dilacerar o corpo dos condenados. Em vez de brasas, eram usados instrumentos pontiagudos.

Mesa de evisceração: Considerado um dos mais cruéis instrumentos. Era usado para extrair de maneira lenta e mecânica as vísceras dos condenados. Depois de abrir a região abdominal, as vísceras eram puxadas uma a uma por ganchos pequenos que eram presos a uma roldana que, por sua vez, era girada pelo carrasco.

Pêndulo: Usado para deslocar os ombros e preparar para outros tipos de tortura. A vítima era levantada por cordas presas aos pulsos e depois, bruscamente, solta para depois ser levantada novamente, antes do corpo chegar ao solo.

Cavalete: Instrumento usado na inquisição portuguesa. A vítima era deitada de costas numa mesa que continha material cortante. Por meio de um funil colocado na boca, o carrasco enchia seu estômago com água. Depois ele pulava em cima da barriga do réu, forçando a saída do líquido. Isso era repetido até que o culpado morresse.

Donzela de ferro: Também chamado de Virgem de Nuremberg, famoso instrumento imortalizado pelo nome da banda de *heavy metal*, Iron Maiden. Era uma espécie de caixão com o tamanho e a forma de uma mulher. A vítima era colocada no interior, onde havia lâminas dispostas de tal maneira que, uma vez que a porta era fechada, a pressão fazia com que perfurassem o corpo, provocando sangramento e morte lenta.

Manjedoura: Uma caixa longa em que a vítima era posta de costas e tinha as mãos e os pés amarrados. O corpo era esticado até que os ossos estalassem ou as juntas fossem desmembradas.

Poder e fé

Como a Inquisição, que foi uma das principais fornecedoras de documentos que compõem os Arquivos Secretos, conseguiu reunir tantas informações?

O poder temporal foi responsável por esse resultado, uma vez que por meio dos processos inquisitórios muitas informações chegaram aos Arquivos Secretos. No século XV, reinos como os de Castela e Aragão solicitaram a permissão para instalar suas próprias versões da Inquisição, visando obter uma uniformidade de visão entre seus reinos em unificação.

No caso dos famosos reis católicos, Fernando e Isabel, foi com seu casamento que o reino conquistou as terras dos muçulmanos na Península Ibérica e no dos judeus sefaraditas, designação dos descendentes de judeus originários de Portugal e Espanha, foi obtida a unidade nacional que antes não existia.

O chamado Tribunal do Santo Ofício, o outro nome da Inquisição, cuidou dos casos de conversão de judeus e muçulmanos que passaram a ser parte importante dos reinos que buscavam sua unificação. De fato, alguns se viram obrigados a renegar sua religião original e aderir ao cristianismo para não abandonar os países em que já estavam instalados. Essa é a origem do termo "cristão-novo". Os pesquisadores já descobriram que, em muitos casos, apesar da declaração de conversão, muitos judeus ainda praticavam seus ritos normais em segredo dentro do lar, chamados de cripto-judeus, o que fatalmente gerou uma onda de acusações de pessoas que buscavam as boas graças dos inquisidores.

Entretanto, nem todos passaram a exercer sua religião original clandestinamente. Alguns, de fato, se convertiam. E como ocorreu a ligação entre uma instituição religiosa e o poder temporal? Desde cedo, o poder dos reis se apossou da Inquisição como forma de obter seus objetivos econômicos, afastando-se aos poucos de seu objetivo religioso. No caso espanhol, por exemplo, a Inquisição espanhola, que já chegou a ser ridicularizada em filmes e programas de TV por comediantes como o judeu Mel Brooks e os britânicos do Monty Phyton, empreendeu uma gigantesca campanha contra os inimigos dos reis católicos.

Ao colocar o poder da fé junto ao da lei, ela se tornou de fato um dos piores pesadelos da humanidade. O assunto gerou tanta polêmica e curiosidade que até hoje são produzidos documentários sobre o assunto. Em novembro de 1994, a BBC de Londres apresentou o documentário *The Myth of the Spanish Inquisition* (O mito da inquisição espanhola), que se baseava em informações retiradas de "arquivos fechados", ou seja, dos Arquivos Secretos.

Segundo o programa, "a inquisição espanhola, tida como a mais cruel e violenta, teve, na verdade, sua imagem distorcida por protestantes que queriam minar o poder da maior potência mundial na época: a Espanha". O programa ainda fala que cada processo inquisitorial foi registrado durante os 350 anos em que a Inquisição espanhola esteve em atividade e, segundo o professor especialista Henry Kamen, os registros são bastante detalhados e trazem uma visão "muito diferente da que estava cristalizada na mente dos historiadores".

O importante para nossa explanação é saber que a Inquisição não floresceu apenas na Espanha. Em países como Itália e Portugal também foram instalados tribunais com as mesmas funções. Em Portugal, porém, o papa teria visto os abusos cometidos pelo ramo espanhol e recusado uma permissão, o que teria feito com que os regentes portugueses ameaçassem com a criação de uma inquisição régia, pois, segundo eles, era algo urgente para o reino. Isso tudo porque os portugueses não queriam perder terreno e influência para seus rivais espanhóis.

Assim, em 1249, implantou-se no então reino de Aragão a primeira Inquisição estatal. Tempos depois, já na Idade Moderna, com a união dos reinos de Aragão e Castela, assumiria a designação de Inquisição Espanhola, instituição sob controle direto da monarquia hispânica, que estendeu depois sua atuação para a América. A Inquisição portuguesa começou suas atividades em 1536 e esteve em funcionamento até 1821. Em Roma, na Itália, a Congregação da Sacra, Romana e Universal Inquisição do Santo Ofício esteve em plena atividade até 1965.

Capítulo 3
Os cátaros e o segredo do Santo Graal

Os principais acusados de levar a Igreja Católica à criação da Inquisição foram os cátaros. Embora até hoje pesquisadores e historiadores discutam as verdadeiras intenções da existência dessa seita, é difícil não prestar atenção aos seus verdadeiros intentos.

A fascinante seita dos cátaros foi a principal causa da primeira e única cruzada de cristãos contra cristãos. Na época da Cruzada Albigense, entre 1209 e 1244, o ponto de vista maniqueísta desse grupo levou os católicos mais ortodoxos a afirmar a unicidade de Deus. Portanto, o fato de acreditar em dois deuses, como os cátaros faziam, seria uma heresia. A diferença entre o comportamento de Deus no Antigo Testamento e no Novo Testamento – no primeiro era uma entidade brava e rancorosa e no outro se torna uma entidade benévola e condescendente – dava bases para que a crença crescesse firme e forte.

Os dirigentes da Igreja começaram uma perseguição implacável aos adeptos daquele movimento, a ponto de invadir cidades do sul da França e matar sua população na totalidade.

Quem eram os cátaros

A palavra cátaro vem do grego *katarós*, que significa "puro". Esse grupo também ficou conhecido como *albigense*, pois se concentrou mais na cidade de Albi, tida como um dos grandes centros de influência herética no sul da França.

Os cátaros floresceram no século XII, um período em que o contato entre Oriente e Ocidente era grande, por causa das cruzadas e do constante fluxo de pessoas entre a Europa e a Terra Santa. Isso propiciou que muitas ideias e filosofias fossem trazidas de terras distantes junto com suas mercadorias e ganhassem adeptos europeus.

No século XII, as pessoas viam a decadência do clero. A Igreja era uma potência, com seus padres e bispos vivendo no luxo e perdoando pecados em troca de dinheiro. Esse era o clima ideal para o surgimento de uma seita que se enraizou primeiramente no norte da Itália, graças aos intercâmbios culturais entre Veneza e o mundo bizantino. De lá se espalhou para regiões como Milão, Lombardia e Florença, e depois para outros países como Alemanha (onde apareceu pela primeira vez a palavra cátaro, em 1163), Inglaterra (onde são chamados de lolardos) Flandres e sul da França.

O medo das represálias da Igreja fez com que os cátaros mantivessem seu credo em silêncio. Porém, a popularização do movimento atraiu tanta gente que seus seguidores passaram a agir abertamente, já que dispunham da proteção de senhores feudais.

Não demorou muito para o catarismo e para outro movimento ligeiramente semelhante, chamado de valdensianismo, criado em Lion por Pedro Valdo, em 1176, se tornassem as religiões predominantes do Languedoc.

Mas o que os tornava tão perigosos para a Igreja? O principal motivo foi o conflito de suas crenças, que iam de encontro às de Roma. Por exemplo, enquanto os católicos viam a salvação obtida por meio do sofrimento físico de Jesus, para os cátaros a redenção não vinha de Sua morte, mas sim de Sua vida. Para os cátaros, o mundo físico é imperfeito, portanto não poderia ser criação de um Deus perfeito. Rejeitavam toda a visão bíblica da criação, por isso chegavam, por extensão, a rejeitar todo o Antigo Testamento.

De acordo com João Ribeiro Júnior, em *Pequena história das heresias*, eles chegaram a reescrever o Novo Testamento e elaborar uma mitologia inteira, a fim de substituir o Antigo Testamento. Para os cátaros, a humanidade tinha sido moldada pelo demônio. Para um cátaro, para alcançar a salvação, era necessário conhecer o verdadeiro destino e origem da humanidade e só poderia atingir esse verdadeiro conhecimento por meio da renúncia do mundo satânico da carne, levando uma vida de abstinência e pobreza.

Tomemos algumas definições encontradas no livro de Stephen O'shea, *A heresia perfeita*. Para os cátaros, o homem, que foi criado por Deus, o lado bom, é prisioneiro da matéria. Esta, que foi criada por Satã, identificado como Javé, está presa ao mundo. O dualismo, herdado do maniqueísmo, é a luta da carne contra o espírito. Assim, para nos salvar, Jesus, que seria um anjo, teria se revestido de um "corpo aparente", algo ilusório, para que pudesse nos transmitir a maneira de obter essa libertação.

A salvação, nesse caso, seria "a libertação das parcelas de luz perdidas nas trevas do corpo". Acreditavam na reencarnação: se alguém falhasse nesta vida teria uma próxima chance de conseguir seu intento. A cruz de Cristo, para eles, era um símbolo falso, pois não teria havido uma morte real (física), já que Jesus era um ser espiritual.

Seu serviço eclesiástico era composto de uma leitura do evangelho, um breve sermão, uma bênção e a Oração do Senhor. Esse serviço podia ser feito em qualquer lugar. Essa abordagem simples da liturgia teria, segundo alguns estudiosos, antecipado a simplicidade de seitas protestantes de épocas posteriores.

Maniqueísmo: a origem do catarismo

Uma das doutrinas que deu origem ao catarismo foi o maniqueísmo. O maniqueísmo é uma religião de origem persa, que deve seu nome ao lendário Manés, ou Manion Manique (215-276), da Babilônia, que teria vivido nos primeiros séculos da nossa era, talvez no século III.

Manés, que se dizia "filho da luz", seguia os ensinamentos de Zoroastro e defendia uma reforma religiosa que procurasse a transcendência e a libertação das ilusões da vida terrena e corpórea. Tinha um pensamento dualista, ou seja, para ele o mundo material era ruim, enquanto o espiritual era o bom. São dois reinos: o da luz, dominado por Deus, identificado como Ormuzde ou Ahura Mazda, e o das trevas, de domínio de Satã, Ahrimã ou Anrô Mainiu.

O ser humano, preso por Satã, deveria lutar sem descanso para se libertar das trevas e readquirir a luz. Sua libertação só poderia acontecer mediante uma vida austera, passando por três selos ou mortificações: o selo da boca (jejum), o da mão (abstenção do trabalho) e o do ventre (castidade).

O maniqueísmo conquistou a atenção de homens como Santo Agostinho. Um de seus mais famosos discípulos foi Madek, do século VI, que afirmava que todo o mal do mundo era causado pelo desejo de posse de fortuna e mulheres. Por isso, pregava que esses mesmos itens deviam ser de posse comum, ou seja, de usufruto de todos. Essa doutrina se estendeu da África do Norte até a China e, embora fosse combatida tanto pela Igreja quanto pelos governos dos países onde entrava, se prolongou até a Idade Média, quando ressurgiu com os cátaros.

Organização da Igreja cátara

Sabe-se pouco sobre o modo como os cátaros se organizavam. O que chegou até nós dá uma ideia vaga, mas consistente. Tinham duas classes ou graus. A primeira, que englobava os leigos, era conhecida com o nome de crentes ou auditores. A segunda era composta pelos perfeitos ou eleitos, que enfrentavam um período de prova de dois anos.

Os crentes tinham regras para fazer seu jejum e não podiam comer carne, ovos ou leite. A principal obrigação dessa casta era adorar e alimentar os perfeitos. Os crentes jamais poderiam aspirar ascender à casta dos perfeitos, considerados de alto nível.

No leito de morte, podiam receber o *consolamentum* ou batismo espiritual, que combinava características de batismo, confirmação e ordenação. Caso não morressem, eram colocados em regime de fome.

Os perfeitos tornavam-se membros dessa casta depois do período mencionado, no qual renunciavam a todos os bens terrenos e viviam comunalmente com outros da mesma classe. Evitavam as tentações da carne isolando-se completamente do convívio com o sexo oposto, além de fazer voto para nunca dormirem nus.

Eram completamente contra a união sexual, pois perpetuava a vida e aprisionava mais um espírito no mundo espúrio material. Praticavam o jejum absoluto três vezes por ano, condenavam o serviço militar e tinham o suicídio como ideal de santidade, sendo sua forma mais perfeita a *endura*, onde passavam fome até morrer.

Uma pessoa podia ingressar na igreja cátara por meio de dois ritos de iniciação. O primeiro era a *conveneza*, palavra de origem ocitânia, a língua dos cátaros, que significa acordo ou pacto, um acordo por meio do qual o crente era consolado na hora da morte mesmo que não estivesse consciente e em condições de recitar o Pai-Nosso em voz alta.

O segundo era o *consolamentum*, já citado, feito de forma espiritual, nunca com água que, como qualquer coisa material, é maldita. Era necessário passar por este para se tornar um perfeito. Acontecia em duas partes: o *servitium* era uma confissão geral feita pela assembleia; o *pater noster* era uma cerimônia em que o candidato se prostrava diante do bispo-chefe e rogava para que este o abençoasse e por ele intercedesse junto a Deus enquanto renunciava à Igreja romana e à cruz traçada na cabeça na hora do batismo.

Essa cerimônia terminava com a troca de beijos entre os presentes, chamada de paz. Havia ainda dois outros sacramentos conhecidos: a *penitência* e a *quebra do pão*, uma espécie de comunhão, já que não acreditavam na material transubstanciação.

Cada igreja cátara tinha um bispo-chefe, que era auxiliado por dois perfeitos, identificados como *filius maior* e *filius minor*, que também recebiam a denominação de bispos. Quando o chefe morria, o cargo era automaticamente passado para o *filuis maior*.

As lendas do Santo Graal

Os cátaros colecionaram, ao longo dos anos, muitas lendas que, segundo algumas fontes, estão registradas em documentos dos Arquivos Secretos do Vaticano. Pela mitologia dos caçadores de tesouros, o Santo

Graal estará ligado a dois grupos religiosos que têm sua existência comprovada historicamente: os cavaleiros templários e os cátaros ou albigenses.

Em muitas das histórias contadas, os cátaros figuram como o grupo que possui o segredo da localização do Santo Graal e de outro Santo Sudário, que não o famoso de Turim. Isso despertou a imaginação de caçadores de tesouros com o passar dos anos.

Os templários são conhecidos por terem supostamente passado muitos anos acampados no Monte do Templo, em Jerusalém, e terem usado os estábulos de Salomão para fazer escavações. Eles teriam encontrado algo valioso sob as ruínas. Alguns escritores acreditam que eles teriam achado o Santo Graal, e outros creem que foi a Arca da Aliança. Há também outras suposições.

De tudo o que se especulou sobre a posse de tesouros pelos templários, o fato é que jamais foram encontrados, e nunca se soube de qualquer registro histórico que comprovasse sua existência.

Os cátaros também eram tidos como guardiões e protetores de tesouros, mas isso varia de acordo com a versão da lenda que se propaga. Na verdade, o Santo Graal foi um dos supostos tesouros em seu poder.

Fontes históricas francesas sugerem, sem nenhuma prova, que o cálice de Cristo passou das mãos dos templários para as dos cátaros e que foi levado para um local desconhecido quando houve o cerco à fortaleza de Montségur, em 1224. Não é preciso ser historiador para ver que a data desse acontecimento e a da queda de Acre não batem, pois o primeiro, acontecido por volta de 1291, seria posterior ao segundo.

Mas o que sabemos, hoje em dia, sobre os cátaros? Os arquivos da própria seita foram queimados durante o processo da Igreja Católica contra eles. As informações que temos vêm dos processos católicos contra os cátaros, registrados pela Inquisição que, por seu posicionamento ante os condenados, são claramente inclinados a distorcer as informações lá contidas.

Foram esses processos que erradicaram os cátaros da região do sul da França conhecida como Languedoc por meio de uma cruzada, criada e orientada pelo papa Inocêncio III. O fascínio de suas doutrinas, entretanto, chegou até os dias de hoje e gerou movimentos que estão em plena atividade na mesma região da França.

Nos Arquivos Secretos há alguns documentos fascinantes a esse respeito, como o Pergaminho de Chinon, que absolve os Cavaleiros Templários da acusação de heresia. Porém, até onde se sabe, não foi encontrado, ou melhor, divulgado, nada que tenha absolvido os cátaros.

> **O Santo Graal nos romances**
>
> Dan Brown se aproveitou das várias lendas e da fascinação dos leitores sobre os históricos e trágicos personagens cátaros e templários para se valer dos contos em que os últimos teriam retirado o tesouro, seja ele Graal, a Arca da Aliança, seja outro qualquer, quando da queda da cidade de São João de Acre, na Palestina, capital dos cruzados por um século, após a perda de Jerusalém nas mãos dos muçulmanos, em 1291.

A Cruzada Albigense

A Igreja Católica tentou conter a expansão cátara. Começou enviando missões de catequização formadas por monges cistercianos, a mesma Ordem de Bernardo de Clairvaux, um dos maiores entusiastas dos templários e autor das regras que ditavam o comportamento dos monges cavaleiros.

As conversões foram poucas, e os monges, apesar do esforço, foram recebidos com vaias nas ruas de Toulouse. A coisa começou a piorar quando um escudeiro do conde Raymond VI de Toulouse, seguidor cátaro, matou um enviado do papa Inocêncio III à cidade.

Diz-se que o acontecimento enraiveceu tanto o pontífice que ele não falou durante dois dias. Depois, declarou que os cátaros eram "piores que os sarracenos" e convocou uma cruzada para varrer a heresia de uma vez por todas. Muitos cavaleiros franceses, movidos pelos mais diversos motivos, responderam ao apelo do papa, formando, assim, a primeira cruzada contra um inimigo que estava na própria Europa.

Além da salvação prometida a quem entrasse no empreendimento por no mínimo 40 dias, era permitido que os participantes contassem com os despojos do território conquistado.

O já citado autor O'Shea relata que 20 mil cavaleiros que lideravam um enorme exército iniciaram a cruzada albigense em 1209. A primeira cidade tomada foi Beziers, e quase todos os habitantes, incluindo católicos, foram massacrados. Ao perguntar ao abade de Citeaux, representante papal, como distinguir os católicos dos cátaros, este teria respondido: "Matem-nos a todos. Deus se encarregará dos seus". O mesmo cenário se repetiu em Carcassone, próximo a Rennes-le-Chateau. Em Herauld 150 cátaros se atiraram voluntariamente a uma fogueira para não se renderem.

Apesar das aparências favoráveis aos exércitos papais, a batalha contra os cátaros durou quase 40 anos até o cerco final. Havia células de fiéis que conseguiram sobreviver por mais meio século. Milhares de perfeitos, levados à escolha entre a conversão ao catolicismo e a morte, logo se prontificavam a se sacrificar, mostrando tendências para o martírio.

Muitos morreram de fome e acorrentados às paredes de calabouços, outros queimados publicamente em grandes fogueiras. Houve os que apelaram para a já descrita *endura*, se suicidando pelo jejum.

Apenas em 1224, depois de um cerco que durou dez meses, caiu a fortaleza de Montségur, nos Pirineus, último reduto de cátaros. Suas ruínas podem ser vistas até hoje em Ariegé, ao sul da cidade de Lovelanet. Localizada no alto de um penhasco escarpado de 1.207 metros de altura, mais de duzentos cátaros, entre homens e mulheres, dos quais faziam parte 50 perfeitos, desceram a montanha "cantando calmamente até grandes piras, onde morreram queimados. O local é conhecido hoje em dia como Campo dos Queimados.

Os cátaros que conseguiram fugir da França foram para a Itália. Porém, foram descobertos pela Inquisição, já instalada na maioria dos países europeus de então. Pouco depois, em 1299, Pedro Autier, um perfeito, regressou ao sul da França e, com o apoio do povo, começou a reconstituir várias comunidades cátaras. Novamente a Inquisição entrou em ação, capturando e executando Pedro Autier em 1311.

Como a igreja cátara não estava completamente reconstituída, terminou por se extinguir, pois não contava mais nem com o apoio da aristocracia, agora decadente na região. Na Itália, nos montes Apeninos e no Alpes da Lombardia, os cátaros resistiram até por volta de 1400, quando desapareceram.

Os tesouros e os neocátaros

Fontes acadêmicas dizem que, pouco antes do cerco final, foi erguida uma trégua para que os cátaros pudessem se preparar para seu destino. Assim, um grupo de cátaros (algumas versões dizem que seriam apenas quatro) teria descido as enormes muralhas de Montségur para transportar seu fabuloso tesouro.

Esses quatro, segundo relatos da Inquisição, fugiram para as montanhas levando consigo "certos objetos". A lenda complementa: quando o Graal estava escondido em lugar seguro, os cátaros fizeram seu sacrifício final.

Para o historiador brasileiro João Ribeiro Júnior, o Santo Graal poderia estar entre o tesouro cátaro. Há quem diga, como o historiador Andrew Sinclair, que o Graal pode ter saído da fortaleza cátara para ir parar nos subterrâneos da Capela Rosslyn, na Escócia. Há outros autores que afirmam que o Graal pode estar em qualquer lugar do Languedoc, inclusive em Rennes-le-Chateau.

Seja como for, ninguém jamais encontrou nada que fosse nem remotamente similar ao Graal, apesar de localidades tão distantes entre si como o País de Gales, a Inglaterra, a Itália e certas cidades da França moderna apresentarem hoje candidatos ao título de "verdadeiro Graal".

Enquanto isso, nos dias de hoje cresce e floresce de maneira discreta o chamado movimento neocátaro no mesmo Languedoc que viu o martírio dos cátaros originais. O escritor português Bernardo Sanchez da Motta conta sobre o reaparecimento cátaro:

> É verdade que a tradição cátara permanece viva no Languedoc, pelo menos de forma indireta, porque renasceu um interesse pelo tema durante o século XIX com Jules Doinel. Penso que o ideal cátaro ainda está muito ativo no Languedoc, também porque alguma documentação chegou aos nossos dias. A biblioteca de Orleans está repleta de documentos cátaros.

Bernardo Motta conta em seu livro *Do enigma de Rennes-le-Chateau ao Priorado de Sião* um pouco sobre Jules Doinel. Nascido em 1842, em Moulins, no Allier, esse é o principal nome ligado a um movimento neocátaro surgido no final do século XIX na França.

Sua carreira de arquivista e paleógrafo se iniciou nos *Archives du Cantal*, e posteriormente na *Biblioteca de Loiret*. Foi nesta última que encontrou algo que mudou sua vida: uma carta com a assinatura de um chanceler episcopal, de nome Etienne, queimado em 1022, em Orléans, por heresia. Essa carta apresentou a Doinel o grupo sectário do qual o chanceler fazia parte: uma seita de "popelicanos", composta por homens e mulheres de forma indistinta, estabelecida na diocese de Orleans no século XI.

Doinel descobriu que as reuniões da seita aconteciam em Orléans e lá encontrou uma mulher eslava vinda da península itálica para participar nos encontros, possivelmente uma "bogomil", nome pelo qual são conhecidos os cátaros eslavos. Motta ainda relata que Doinel obteve várias informações sobre o que acontecia nessas reuniões, que, segundo os documentos históricos, se iniciavam "com todos os participantes entoando cantos com uma vela acesa na mão. Depois, um animal, que deveria representar uma divindade, entrava na sala e colocava-se no meio da assembleia. Era o sinal para que cada um escolhesse um parceiro do sexo oposto e se unisse com ele".

Das crianças nascidas desses encontros, uma era escolhida para ser "purificada pelo fogo" palavra bem comportada para queimada em cerimônia. De suas cinzas era feita uma mistura usada para administrar extrema-unção. Um dos membros da seita, horrorizado com os procedimentos, denunciou-a a um cavaleiro, de nome Arefast, que comunicou a situação ao rei.

Em 25 de dezembro de 1022, os hereges foram presos e chamados perante o Sínodo, na catedral de Orléans. Três dias depois, treze dos hereges foram queimados. Apesar desses fatos, Doinel se interessou pela história dos popelicanos e mergulhou nas pesquisas para levantar as crenças cátaras, embora estes não fossem, em si, cátaros e acreditassem em um tipo de dualidade.

Em 1189, Doinel criou uma igreja neognóstica, da qual foi, durante muitos anos, o patriarca, com o nome adotado de Valentino II e os títulos de Bispo de Montségur. Em 1890, ele reorganizou a igreja, declarou aquele ano como o "ano I da restauração da gnose" e restabeleceu os sacramentos bases de catarismo: o *consolamentum*, a *quebra do pão* e a *penitência*. Estabeleceu a hierarquia da sua igreja por meio da nomeação de onze bispos, com uma mulher, Sofia de Varsóvia, e uma série de diáconos de ambos os sexos.

Foi também instituída a Ordem do Paracleto, em honra aos mártires cátaros mortos na Cruzada Albigense. Embora Doinel tenha abandonado seu posto em 1894, a igreja neocátara continuou até a metade da Segunda Guerra Mundial. Ela terminaria com um homem chamado Chevillon, que acumulava a liderança do movimento neocátaro com os títulos de Grão-Mestre da Ordem Martinista e Grão-Mestre do Rito de Misraïm, ou do Egito.

Em 1941, a polícia do governo colaboracionista de Vichy ordenou a prisão de Chevillon e apreensão dos documentos encontrados na sede de Lion. Os documentos foram considerados contrários aos interesses de Vichy. Apesar de não ter nada em comum com a maçonaria do grande oriente, subversiva aos olhos de Vichy, a igreja neocátara foi vista como tal. Chevillon foi condenado à morte e executado.

Capítulo 4
Os evangelhos proibidos

O termo apócrifo é usado para definir todos os textos ligados a ensinamentos religiosos que não fazem parte oficialmente da Bíblia. Assim, detalhes essenciais como a vida de Jesus durante sua infância, até o começo de suas pregações, que não são encontrados em nenhum dos quatro evangelhos "oficiais", podem ser apreciados em vários textos apócrifos.

Do grego *Apokruphoi*, que significa secreto, suas cópias ou, em alguns casos, versões desconhecidas do público, poderiam estar guardadas pelos bibliotecários dos Arquivos Secretos a sete chaves.

Por sua ligação com o gnosticismo, os apócrifos foram considerados heréticos. No começo do cristianismo, quando este ainda não havia atingido o *status* que possui hoje, vários textos eram consultados pelos fiéis e traziam, em si, muitas ideias que batiam de frente com o que a Igreja considerava de acordo com o cânon, o chamado cânon eclesiástico ou cânon da Igreja.

Nos últimos anos, personagens bíblicos como Judas e Madalena foram apenas dois exemplos que, de uma forma ou de outra, se tornaram mais interessantes e ganharam destaque graças ao conhecimento extraído dos chamados evangelhos apócrifos.

Canônicos x apócrifos

A palavra cânon, no hebraico *qâneh*, significava vara ou régua para manter algo em linha reta, algo como a linha ou régua dos pedreiros e carpinteiros. A Igreja produziu, em um processo longo e lento que tomou anos, uma lista de livros que eram aceitos como inspirados, os mesmos que dariam à palavra *"cânon"* o significado de "conteúdo das escrituras como se encontra nesses livros". Assim, o cânon passou a designar todos os textos considerados de inspiração divina, possuídos de autoridade normativa para a fé cristã. Os demais textos eram considerados "apócrifos".

Há, até hoje, certo receio por parte dos cristãos mais fervorosos, principalmente entre os católicos, em considerar os apócrifos como fonte de informação sobre os personagens bíblicos. E muitos chegam a se manifestar, em diversas páginas na internet, dizendo que tais textos deveriam ser queimados, esquecidos ou simplesmente destruídos.

Tomemos, como exemplo, uma página de um trabalho acadêmico (Bart D. Ehrman. Lost Christianities (em inglês). [S.l.]: Oxford University Press, 2003) que fala sobre o então recém-descoberto Evangelho de Judas. Vejam, só este trecho:

> Esse novo-velho "evangelho" reabilita Judas Iscariotes, positivando-o como aquele por quem Cristo pôde ser crucificado. Trata-se de uma antiga ideia gnóstica, raciocínio circular segundo o qual "o mal é útil e necessário para que haja o bem". Na década de 1980 saiu o romance *Eu, Judas*, de Taylor Caldwell, onde essa versão revisada de Judas foi difundida. Aceitar tal hipótese seria contrariar toda história que sempre descreveu Judas como traidor. Um documento antigo deve ser analisado de vários prismas: deve-se observar a sua origem, autor e data; depois analisar seu conteúdo, separando o fictício do factual – aqui reside o trabalho mais sério, onde os estudiosos deverão conflitar as informações históricas. Afinal de contas, não é porque esse manuscrito arvora ser Judas um herói que toda a sua biografia será mudada.

O pensamento retrógrado do autor do texto acima é um exemplo clássico da falta de visão que as pessoas têm do valor que esses documentos podem apresentar hoje em dia.

É de estranhar que Madalena e Judas estejam tão em evidência hoje em dia? Ninguém sabe nada sobre eles, e o pouco que se descobre é duramente rechaçado por fanáticos católicos como delírio, heresia e outros adjetivos.

Não se pode deixar de entender que os textos apócrifos são versões que podem ajudar a compreender melhor as atitudes dos personagens bíblicos. Então, por que não levá-las em consideração? Ninguém disse que, pela publicação do Evangelho, Judas Iscariotes deveria levar uma medalha de honra ao mérito ou algo assim, mas que se deveria entender mais as causas que levaram aos atos descritos na Bíblia.

A briga entre canônicos e apócrifos é muito antiga. Quando falamos de Pedro, alguns dos textos apócrifos, que supostamente foram de sua autoria, chegaram a ser admitidos pelos padres da época. Seria mesmo o caso de manter sua proibição e consequente destruição? Todos os apócrifos exprimem mesmo heresias? Para que o leitor possa entender melhor essas ideias, vamos analisar um pouco as condições históricas que levaram à escolha dos evangelhos canônicos ou oficiais.

O Concílio de Niceia

Voltemos ao ano de 325 de nossa era. Naquele tempo, foi realizado o Concílio de Niceia, na atual cidade de Iznik, província de Anatólia, na parte asiática da Turquia chamada de Ásia Menor em tempos antigos. Esse foi o primeiro de dois concílios realizados na cidade; o segundo ocorreu em 787.

O primeiro Concílio foi convocado pelo Imperador Flavius Valerius Constantinus (285-337), ou Constantino, filho de Constâncio I. Constantino, chamado de primeiro imperador cristão, assumiu o poder quando da morte de seu pai, em 306, e logo passou a ser a autoridade máxima inicialmente na Bretanha, na Gália, atual França, e na Hispânia, atual Espanha.

Aos poucos, assumiu o controle completo do império romano. Alguns anos antes, no reinado de Domício Aureliano (270-275), os regentes romanos abandonaram a unidade religiosa desde que esse imperador renunciou, em 274, aos seus direitos divinos, próprios desse governo. Constantino, porém, sempre almejou relançar essa unidade religiosa e viu no cristianismo, que então estava em ascensão, uma oportunidade para alcançar esse objetivo.

Hoje muitos historiadores que analisaram seu governo são unânimes em dizer que sua conversão não foi tão completa assim, pois ele não abria mão de sua posição como sumo sacerdote do culto ao *"Sol Invictus"*, representação do deus persa Mitra, e só foi batizado em seu leito de morte. De fato, alguns elementos desse culto seriam depois absorvidos pelo cristianismo, como a comemoração do Natal em 25 de dezembro.

Assim, o interesse principal de Constantino no cristianismo seria mesmo usá-lo para fortalecer sua monarquia. Tinha certo conhecimento da doutrina cristã e observou, durante o ano de 303, as perseguições impostas pelo imperador Diocleciano. Tinha noção de que os cristãos, embora fossem minoria, chegavam a no máximo 10% da população do império e estavam concentrados em grandes centros urbanos, principalmente em territórios inimigos.

Então, em 325 convocou mais de 300 bispos para o Concílio de Niceia. O imperador, sempre de olho na unidade religiosa como um fator que o ajudaria a manter o poder, tinha noção da existência de divisões dentro da nova religião. Esse concílio deveria, assim, estruturar de uma vez por todas seus poderes. Entre os participantes estavam bispos orientais que, como era costume, estavam em maioria, entre eles pelos menos três arcebispos, Alexandre de Alexandria, Eustáquio de Antióquia e Macário de Jerusalém, além das presenças de Eusébio de Nicomédia e Eusébio de Cesareia. Representando o Ocidente estavam Marcus de Calábria (Itália),

Cecilian de Cartago (África), Hosius de Córdova (Espanha), Nicasius de Dijon (França) e Domnus de Stridon (no Danúbio).

Os debates começaram. Entre os vários pontos discutidos na ocasião, estava a questão ariana, que negava a equivalência de Jesus e Deus, colocando Cristo como um homem, e não uma divindade; a celebração da Páscoa; o cisma de Milécio, fundador da Igreja dos Mártires; o batismo de heréticos e o estatuto dos prisioneiros na perseguição realizada sob o comando de Licínio, imperador romano destronado e condenado à morte pelo próprio Constantino.

A escolha dos evangelhos canônicos

Foi nesse mesmo concílio que aparecem as versões da escolha dos evangelhos canônicos. No início do cristianismo, havia o absurdo número de 315 textos. A versão oficial de como foi feita essa escolha é registrada em alguns documentos. Porém, mesmo que se trate de versões históricas, quando alguém as lê sente como era difícil ser prático e direto naqueles dias e não deixar o fanatismo tomar conta das decisões a serem tomadas.

Vejamos como isso teria acontecido. Na difícil missão de escolher quais seriam os textos "inspirados por Deus", os bispos teriam espalhado os diversos textos no chão e se reunido para rezar. Então, durante o ato, os quatro evangelhos que conhecemos hoje (Mateus, Marcos, Lucas e João) levantaram-se por si mesmos e foram se depositar no altar.

Outra versão é que todos os textos foram colocados no altar e somente os não inspirados, os apócrifos, caíram por si mesmos no chão. Uma terceira versão fala sobre a mesma passagem de oração, o momento quando o Espírito Santo adentrou no recinto em forma de pomba, passando por uma vidraça sem quebrá-la. Em seguida, pousou no ombro direito de cada um dos bispos presentes e cochichou em seus ouvidos quais eram os evangelhos canônicos.

Misteriosamente, a Igreja escolheu quatro textos que, fechados em si mesmos, trazem contradições. Mas parece simplesmente desconsiderar esse detalhe e insiste em manter seu cânon baseado neles. A julgar pela explicação dos religiosos da época, acredita-se que nem mesmo eles saberiam se explicar de maneira convincente. Veja-se a declaração que Irineu, bispo de Lyon, deu para explicar a seleção:

> O evangelho é a coluna da Igreja, a Igreja está espalhada por todo o mundo, o mundo tem quatro regiões, e convém, portanto, que haja também quatro evangelhos. O evangelho é o sopro do vento divino da vida para os homens, e pois, como há quatro ventos cardeais, daí a

> necessidade de quatro evangelhos. [...] O Verbo criador do Universo reina e brilha sobre os querubins, os querubins têm quatro formas, eis porque o Verbo nos obsequiou com quatro evangelhos.

Mas há registros históricos que mostram que nem tudo foi inspirado por Deus nessa escolha. Há, por exemplo, um texto que fala sobre um tal bispo Flávio, que durante os debates morreu vítima de ferimentos causados pelos pontapés desferidos por um bispo Diodoro, ocorrido no Concílio de Trento, considerado o mais longo da história da Igreja. Isso entre outros incidentes registrados. A autora Lorraine Boetner cita, em sua obra *Catolicismo Romano*:

> O papa Gregório, o grande, declarou que primeiro Macabeus, um livro apócrifo, não é canônico. O cardeal Ximenes, em sua Bíblia poliglota, exatamente antes do Concílio de Trento, exclui os apócrifos e sua obra foi aprovada pelo papa Leão X. Será que estes papas se enganaram? Se eles estavam certos, a decisão do Concílio de Trento estava errada. Se eles estavam errados, onde fica a infalibilidade do papa como mestre da doutrina?

Claro que os concílios, longe de ser uma unidade de opiniões, eram um campo de batalha de ideias e, por vezes, de socos e pontapés, semelhante aos debates vistos no livro e no filme *O nome da rosa*, de Umberto Eco. Porém, ao contrário do que se lê em *O código da Vinci*, de Dan Brown, não houve nenhum tipo de concurso para escolha dos evangelhos, mas sim debates acalorados e por vezes confusos, cujo objetivo era mesmo diferenciar os textos entre inúmeros oriundos de escolas gnósticas.

Lembre-se que estamos falando de uma época em que havia interesses de ambos dos lados, tanto do imperador, que queria essa unidade religiosa, quanto dos próprios cristãos, que estavam cansados de perseguições e queriam tornar sua religião bem-estruturada.

Os critérios de escolha

Havia vários critérios aprovados pelos bispos de então. Claro que muitos são difíceis de compreender, mas alguns falam por si mesmos. Vejamos estes:

1) **Apostolicidade** – A obra deveria ter sido escrita por um apóstolo ou alguém de contato próximo que o tenha escrito a pedido do apóstolo.
2) **Circulação** – Como era muito difícil provar o primeiro ponto, partiam então para a análise da circulação e do uso do texto pela comunidade.
3) **Caráter concreto** – O conteúdo não pode contrariar os padrões da ortodoxia, e seu caráter ficcional pode torná-lo ser inaceitável.

4) **Ortodoxia** – Aceitação pela liderança da Igreja, mais especificamente pelo bispo encarregado de determinada cidade ou região.

5) **Autoridade diferenciada** – Textos que eram reconhecidos pela comunidade que os usava como de inspiração divina.

6) **Leitura em público** – Deveriam ser lidos para o maior número de pessoas e não ser mantidos em segredo.

Versões diferentes

Para quem tiver um tempo e curiosidade, uma maneira de conhecer as diferenças entre apócrifos e canônicos é analisar as várias versões da Bíblia existentes entre edições católicas e protestantes. Mesmo quando a Reforma Protestante eclodiu na Europa, a questão de como manter o livro sagrado cristão não teve descanso.

Vejamos apenas uma passagem. Os protestantes combatiam violentamente alguns conceitos muito divulgados pelos católicos, como a existência do purgatório, o uso de orações pelos mortos e salvação por meio de obras materiais.

Desesperados para poder combater a crescente adesão dos fiéis ao movimento protestante, os católicos aprovaram alguns livros que eram considerados apócrifos, como Tobias, Judite, Sabedoria, Eclesiástico, Baruque, I e II de Macabeus. A maioria, como se pode reparar, apócrifos do Velho Testamento. Vejamos o seguinte quadro de comparação:

Diferenças entre as bíblias hebraica, protestante e católica

Bíblia hebraica
- Contém somente os 39 livros do Velho Testamento
- Rejeita os 27 do Novo Testamento como inspirado, assim como rejeitou Cristo
- Não aceita os livros apócrifos incluídos na vulgata (versão católica romana)

Bíblia protestante
- Aceita os 39 livros do Velho Testamento e os 27 do Novo Testamento
- Rejeita os livros apócrifos incluídos na vulgata como não canônicos

Bíblia católica
- Contém os 39 livros do Velho Testamento e os 27 do Novo Testamento
- Inclui na versão vulgata, os livros apócrifos ou não canônicos que são: Tobias, Judite, Sabedoria, Eclesiástico, Baruch, I e II de Macabeus, seis capítulos e dez versículos acrescentados no livro de Ester e dois capítulos de Daniel

Fonte: Centro Apologético Cristão de Pesquisas (CACP)

Os católicos, chamados de romanistas pelos protestantes, viam nesses livros a base para os pontos que eram combatidos pela Reforma e aprovaram os livros como oficiais em 8 de abril de 1546. É claro que foi uma decisão polêmica, pois houve muitas discussões e brigas para conseguirem fazer tal ideia ser aprovada. Há registros, por exemplo, de ataques dos dominicanos contra os franciscanos.

No Concílio de Trento, segundo o cardeal Pallavacini, em sua obra *História Eclesiástica*, diz que, literalmente, 40 dos 49 bispos presentes "travaram intensa luta corporal, agarrados às barbas e batinas uns dos outros". Mesmo assim, a primeira edição da Bíblia católica com a presença dos apócrifos selecionados ocorreu em 1592, aprovada pelo então papa Clemente VIII.

A reação dos protestantes foi publicar uma Bíblia com os apócrifos situados entre o Velho e o Novo Testamentos apresentados apenas para fins de "leitura e valor literário histórico". Isso continuou até 1629, quando as igrejas reformadas excluíram totalmente os apócrifos das suas edições da Bíblia.

Uma pesquisadora do assunto, Maria Helena de Oliveira Tricca, que compilou a coleção *Apócrifos, Os proscritos da Bíblia*, diz em uma de suas edições:

> Muitos dos chamados textos apócrifos já fizeram parte da Bíblia, mas ao longo dos sucessivos concílios acabaram sendo eliminados. Houve os que depois viriam a ser beneficiados por uma reconsideração e tornariam a partilhar a Bíblia. Exemplos: O Livro da Sabedoria, atribuído a Salomão, o Eclesiástico ou Sirac, as Odes de Salomão, o Tobit ou Livro de Tobias, o Livro dos Macabeus e outros mais. A maioria ficou definitivamente de fora, como o famoso Livro de Enoch, o Livro da Ascensão de Isaías e os Livros III e IV dos Macabeus.

Ou seja, como podemos perceber, tanto o Velho quanto o Novo Testamento possuem apócrifos e, em ambos os casos, textos "não inspirados" já foram admitidos na Bíblia como originais. O que os levou a ser excluídos?

Com certeza uma grande quantidade de fatores que envolviam não apenas argumentos religiosos, mas também de preservação do cânon católico. Basta lembrar que, como resultado do Concílio de Niceia, bispos como Atanásio de Alexandria atuaram para cumprir as resoluções no ano 367 e ordenaram a destruição de vários apócrifos por causa de suas "tendências heréticas", segundo relatado na obra Hans-Josef Klauck, *The Apocryphal Acts of the Apostles: An Introduction,* e daí a sua importância histórica e destaque que cada texto quando encontrado merece ter. Mas nem todos pensavam assim.

Os manuscritos de Nag-Hammadi

Sabendo da importância desses textos, a maioria preservada em cópias feitas em papiro que registravam o princípio do cristianismo, monges do Egito que se estabeleceram em mosteiros à margem do rio Nilo optaram por não destruí-los. Esses códices foram acondicionados em urnas de argila e enterrados na base de um penhasco chamado Djebel El-Tarif, próximo da aldeia de Nag-Hammadi.

A pequena lista a seguir mostra apenas alguns evangelhos apócrifos que tiveram seus textos reconstruídos e outros cuja existência se sabe por outros documentos históricos, mas que são considerados como perdidos. É de fato apenas uma pequena amostra da enorme produção de textos do começo do cristianismo.

Evangelho	Situação	Evangelho	Situação
Evangelho dos Ebionitas	Reconstruído	Evangelho de Apelles	Perdido
Evangelho dos Egípcios	Reconstruído	Evangelho de Corinto	Perdido
Evangelho dos Hebreus	Reconstruído	Evangelho de Bardesanes	Perdido
Evangelho Secreto de Marcos	Reconstruído	Evangelho do Encratites	Perdido
Evangelho de Matias	Reconstruído	Evangelho dos Gnósticos	Perdido
Evangelho do Nazoraeans	Reconstruído	Evangelho de Hesíquio	Perdido
Evangelho de Q	Reconstruído	Evangelho de Lucius	Perdido
Evangelho do Sinai	Reconstruído	Evangelho de Longinus	Perdido
Evangelho da Cruz	Reconstruído	Evangelho de Manes	Perdido
Evangelho de Bartolomeu	Perdido	Evangelho de Merinthus	Perdido
Evangelho dos Setenta	Perdido	Evangelho de Scythianus	Perdido
Evangelho dos Quatro Reinos Celestiais	Perdido	Evangelho de Simonides	Perdido
Evangelho da Perfeição	Perdido	Evangelho de Taciano	Perdido
Evangelho de Marcion	Perdido	Evangelho de Tadeu	Perdido
Evangelho de Basilides	Perdido	Evangelho de Valentino	Perdido
Evangelho de Andrew	Perdido	Evangelho Clementine	Perdido

Se há mesmo cópias ou versões de algum desses evangelhos dentro dos Arquivos Secretos, só podemos especular. O ponto mais discutido por quem conhece os esquemas de trabalho do Vaticano é que, se os documentos lá são tornados públicos pelos papas depois de 75 anos, não haveria motivo para que tais textos, documentos históricos que poderiam lançar esclarecimentos sobre as origens do cristianismo, fossem lá guardados.

Capítulo 5
O *Evangelho de Judas*

Eis o relato secreto da revelação que Jesus fez num diálogo com Judas Iscariotes, uma semana antes de celebrar a Páscoa. Jesus lhe disse: "Afasta-te dos outros e contar-te-ei os mistérios do reino. Tu tens a capacidade de alcançá-lo, mas padecerás de extremo sofrimento". Esse trecho foi retirado daquela que é considerada a maior descoberta dos últimos tempos em relação a estudos bíblicos em geral.

O chamado *Evangelho Perdido de Judas Iscariotes* foi revelado ao público em fevereiro de 2006, embora tenha sido descoberto originalmente na década de 1970, em um local próximo à cidade de El-Minya, distante mais ou menos 120 quilômetros do sul do Cairo, no Egito.

Quando que se fala de apócrifos, há sempre alguma novidade que pode lançar mais luz sobre os documentos guardados a sete chaves pelos Arquivos do Vaticano. E nem sempre são liberados pela alta cúpula papal para divulgação. O Evangelho de Judas foi apenas um dos muitos casos que envolvem esses textos não oficiais.

Vejamos o que sabemos até aqui sobre o achado. A obra foi identificada como um evangelho apócrifo, ou seja, não reconhecido oficialmente pela Igreja Católica. Datado de meados do século II, sua autoria é atribuída a seguidores gnósticos, um documento ligado a uma sabedoria de caráter intuitivo e transcendental.

Conteúdo polêmico

Embora esteja em estado precário em algumas partes, ainda se pode discernir sua estrutura original, composta por 26 páginas de papiro, escritas em copta dialectal, última forma de escrita utilizada no Egito antigo. Seu conteúdo, não menos polêmico que seu suposto "autor", fala sobre as relações entre Judas Iscariotes, conhecido por todos como "o traidor", e Jesus Cristo. Revela também que a traição, tão pregada pela Igreja, não foi bem da maneira como todos conhecem, e sim uma maneira do então discípulo atender a um pedido do próprio Mestre, para que fosse denunciado aos romanos e, assim, cumprir sua missão por meio do padecimento.

O manuscrito ficou desaparecido por quase 1.700 anos, e sua única cópia conhecida foi revelada, por completo, em 6 de abril de 2006, pela revista *National Geographic*. Autenticado por especialistas como pertencente a um período entre os séculos III e IV, é uma cópia de uma versão ainda mais antiga, datada de 150 d.C. e redigida originalmente em grego.

Embora o teste do carbono-14 prove que não há chances de o manuscrito ter sido escrito pelo próprio Judas dado o período em que teria sido escrito, a *National Geographic* pagou cerca de 1 milhão de dólares pela divulgação exclusiva de seu conteúdo, que contraria diretamente a versão dos quatro evangelhos oficiais.

Entre outros pontos, esse apócrifo afirma que Judas era o discípulo mais fiel de Jesus e aquele que mais entendia seus ensinamentos. Sua narrativa fala de alguns ensinamentos exclusivos transmitidos pelo próprio Cristo, apresenta uma estrutura hierárquica de seres angelicais e outra versão para a criação do universo. O manuscrito diz ainda que Judas era "seu discípulo favorito" e o único conhecedor de sua verdadeira identidade.

Assim, o traidor não teria se enforcado, como é contado no Novo Testamento, mas se recolhido para o deserto em reflexão, totalmente cônscio do perdão de Jesus e do cumprimento de sua verdadeira missão, de libertar a divindade de Cristo de seu corpo humano hospedeiro.

Em outra passagem, a narrativa fala ainda que Jesus teria dito a Judas: "Você tem a tarefa maior: vai sacrificar o corpo que carrega o meu espírito". Na sequência, revela as consequências dessa missão: "Você cairá em desgraça por gerações, mas um dia vai estar acima disso". Sua narração termina abruptamente quando da prisão de Jesus e não fala sobre o destino final de seu personagem principal.

Quem foi Judas Iscariotes?

Qual seria a importância de conhecer um suposto evangelho vindo de um traidor? Para entender mais sobre a importância do manuscrito, é necessário levantar o que sabemos sobre esse personagem obscuro que adoramos odiar.

Judas Iscariotes era filho de Simão de Queriote. É o nome de apóstolo que mais vezes aparece nos evangelhos, vinte no total, depois do de

Simão Pedro, e é uma helenização do nome hebraico Judá, que significa "abençoado" ou "louvado".

Assim, a denominação "Iscariotes" designaria uma conotação política, ligando o personagem ao grupo dos sicatários, ramificação dos zelotes que praticava ataques violentos, geralmente com o uso de punhais. Daí viria denominação latina sicarii, contra as forças romanas na Palestina.

Os laços de nosso "herói" com esse grupo são uma discussão que se vem arrastando por anos e que provocaria até mesmo a hipótese do nome ser uma transposição do termo *ish sicari*, "homem do punhal", em hebraico. E o que mais sabemos? Para variar, quase nada, mas vamos procurar mais um pouco.

De acordo com informações veiculadas originalmente por São Jerônimo, a aldeia de Queriote teria o nome original de Queriote-Ezron. A tradução para seu nome seria "cidades de Ezron", região localizada na província romana da Judeia, mais precisamente dentro do território pertencente à Tribo Israelita de Judá. Hoje, o mesmo lugar abriga a cidade de *Qirbet el-Qaryatein*, localizada a 20 quilômetros ao sul de Hebron, na Cisjordânia, ocupada por israelenses e que possui uma população mista de árabes e judeus. Diz a lenda que é lá que ficam os túmulos dos patriarcas Abraão, Isaac e Jacó, embora ninguém os tenha visto.

Trazendo um manuscrito de volta à vida

Os especialistas que tiveram a oportunidade de examinar o original não sabem até hoje como foi que o papiro conseguiu sobreviver por tanto tempo, desde que o alvorecer do cristianismo invadiu o Egito, há mais ou menos 1.700 anos. Mas têm absoluta certeza do papel que os negociantes de antiguidades tiveram na sua localização.

Assim como nos casos de outras coleções de apócrifos, em especial os de Nag Hammadi e do Mar Morto, também o Evangelho de Judas conseguiu chegar ao mundo moderno passando de mão em mão. A rota do evangelho até sua aparição pública foi cheia de curvas e desvios. Depois que foi descoberto no deserto egípcio e entrou no círculo dos comerciantes de antiguidades, foi parar primeiro na Europa e depois nos Estados Unidos, onde ficou trancado num cofre de um banco em Long Island, Nova York, por 16 anos.

Só foi salvo da destruição total porque foi adquirido em 2000 pela antiquária grega Frieda Nussberger-Tchacos. O final poderia ter sido triste para o documento, mas Frieda, preocupada com o estado do documento, resolveu enviá-lo para a Fundação Maecenas, na Suíça, em fevereiro de 2001. Esperava que os especialistas pudessem, assim, preservá-lo e traduzi-lo.

O trabalho árduo da restauração demorou o suficiente para chamar a atenção de coptólogos da própria fundação e uma equipe, liderada pelo especialista em manuscritos Rodolphe Kasser, da Universidade de Genebra, assumiu a tarefa da tradução. Quando Kassler teve seu primeiro acesso ao material, notou que seu estado de conservação estava deplorável, com páginas faltando, números do topo das páginas rasgado e mais de mil fragmentos espalhados pela caixa.

O próprio professor chamou a tarefa de "o quebra-cabeça mais complexo jamais criado pela história" e requisitou a ajuda da restauradora de papiros Florence Darbre e do especialista em copta dialectal, Gregor Wurst, da Universidade de Augsburg (Alemanha). O documento, chamado oficialmente de "Codex de Tchacos", foi exaustivamente analisado pela equipe, que o devolveu em seguida ao Egito, onde foi posto para ser conservado no Museu Copta do Cairo.

Em reportagem publicada na revista National Geographic e transcrita no site oficial, a reação inicial de Kasser ficou registrada:

> Com um ligeiro tremor nas mãos, causado pela doença de Parkinson, o professor Rodolphe Kasser pegou o texto antigo e começou a ler com voz firme e clara: *"Pe-di-ah-kawn-aus ente plah-nay"*. Essas palavras estranhas eram em copta, a língua falada no Egito no alvorecer do cristianismo. Não eram ouvidas desde que a Igreja nascente declarara o documento proibido aos cristãos.

A reportagem afirma, ainda, que o texto do documento era escrito em egípcio, mas com caracteres gregos. Kasser lia *"Pe-di-ah-kawn-aus ente plah-nay"*, que, segundo ele, era "uma passagem em que Jesus explica aos discípulos que eles estão no caminho errado".

Todos os testes realizados haviam confirmado a época do papiro, ao contrário de outro achado recente, a caixa de calcário que havia sido o receptáculo dos ossos de Tiago, irmão de Jesus, que se revelara falsa. Os testes foram realizados com cinco amostras separadas do papiro e de sua encadernação de couro e todos indicaram sua época como sendo entre 220 e 340 d.C.

O relato da *National Geographic* também revela que a tinta "parece ser uma mistura feita com noz-de-galha, vitríolo, goma e fuligem". Já os especialistas em copta estudaram o documento à exaustão e afirmam que seus "modos de expressão" confirmam sua tradução do grego. Voltaremos a falar sobre o grupo de estudiosos e suas conclusões em breve.

A redenção de Judas?

É claro que tal revelação teria que gerar alguma polêmica no mundo cristão. A ideia de que Judas teria traído Jesus a mando Deste, ideia que já foi explorada no cinema por Martin Scorsese e seu também polêmico filme *A última tentação de Cristo*, suscitou debates. Uma corrente de manifestantes, que já se encontravam exaltados com o assunto religião, desde que *O código da Vinci*, de Dan Brown, assolou as livrarias e telas de cinema do mundo com a tese de que Jesus teria sido casado com Maria Madalena.

Em uma busca simples feita na internet, encontramos diversos sites que tentam minimizar a ideia lançada pelo documento encontrado no Egito, o berço de diversos apócrifos. Em um artigo de Ricardo Westin, publicado pelo jornal *O Estado de S. Paulo* em 8 de abril de 2006, lemos:

> O chamado Evangelho de Judas é um texto autêntico, foi realmente escrito 1700 anos atrás, mas não representa uma ameaça às tradicionais bases do cristianismo, de acordo com estudiosos da religião. Por isso, Judas Iscariotes, o apóstolo renegado pelos cristãos, não deve ser alçado à condição de herói.

O autor cita também um teólogo ortodoxo russo, Andréi Kuráyev, professor da Academia Espiritual de Moscou, que afirma que o documento alardeado pela National Geographic não acrescenta conhecimentos sobre a vida de Jesus. Kuráyev lembra que no mesmo período do Evangelho de Judas havia várias correntes pseudocristãs, das quais algumas tinham por objetivo a adoração dos personagens mais detestados da Bíblia, como os cainitas, que adoravam Caim, o primeiro assassino, que matou Abel, seu irmão, e os ofitas, que adoravam a serpente que causou a expulsão do casal Adão e Eva do Jardim do Éden.

O ponto que levanta maior suspeita é a afirmação de que o documento teria sido escrito pelo discípulo traidor. "Não pode ser obra de Judas Iscariotes, porque ele se enforcou no mesmo dia em que Jesus foi crucificado. Não pode haver nenhum Evangelho de Judas".

No mundo católico, a polêmica também se fez presente. O padre Thomas Williams, decano da Faculdade de Teologia da Universidade Regina Apostolorum de Roma, disse em entrevista à agência católica de notícias Zenit, que o Vaticano nunca se preocupou em esconder os textos apócrifos. "Basta ir a qualquer biblioteca católica e ver que esses textos também estão lá, embora saibamos que não são verdadeiros". Uma busca em livrarias católicas brasileiras também apresentou o mesmo resultado. O site *O Verbo* publicou uma notícia que afirmava que a descoberta do Evangelho de Judas não afeta a doutrina cristã para a igreja russa. Diz a nota:

> O patriarcado ortodoxo de Moscou afirmou ontem que a descoberta do "Evangelho de Judas", cujo texto foi publicado ontem por cientistas americanos e suíços, não afeta a doutrina cristã e só tem interesse histórico. "Não podemos imaginar que a descoberta de um texto atribuído a um personagem do início do cristianismo, ou mesmo de um dos discípulos de Cristo, mude a composição da Sagrada Escritura", declarou o porta-voz do departamento de Relações Exteriores do Patriarcado de Moscou, o padre Mikhail Dudkó.

Mais para a frente, o texto complementa:

> O porta-voz da Igreja Ortodoxa Russa disse que textos relativos ao período inicial do cristianismo já foram encontrados outras vezes e continuarão sendo. Por isso, "o interesse no 'Evangelho de Judas' é acima de tudo, histórico". "Não há possibilidade alguma de incorporar o livro à Sagrada Escritura. Mas ele pode revelar novos detalhes históricos", explicou Dudkó. Ele acrescentou que será necessário um minucioso estudo para determinar o verdadeiro valor histórico do documento.

Variações sobre o mesmo tema

Há uma grande quantidade de textos que querem trazer à tona uma versão diferente de Judas. Uma delas teria sua origem no Alcorão, ou Corão, o livro sagrado do Islamismo. Essa lenda diz que Judas, em algumas versões, seria Simão de Cirene ou Simão o Cireneu, o homem que ajudou Cristo a levar a cruz, teria sido crucificado no lugar de Jesus. Essa "teoria da substituição" teria como suposta fonte a seguinte passagem do Alcorão, identificada como surata 4 §:

> E por os judeus dizerem: "Matamos o Messias, Jesus, filho de Maria, o Mensageiro de Alá", embora não sendo, na realidade, certo que o mataram, nem o crucificaram, senão que isso lhes foi simulado. E aqueles que discordam, quanto a isso, estão na dúvida, porque não possuem conhecimento algum, abstraindo-se tão-somente em conjecturas; porém, o fato é que não o mataram.

A explicação mais coerente do trecho é de que os judeus seriam incapazes de se vangloriar por terem matado Jesus porque, na prática, era Deus quem estava no controle dos acontecimentos, e foi apenas por obra Dele que Jesus morreu na cruz. Essa teoria da substituição revela-se, assim, como uma maneira de suavizar a crucificação em si. Embora tal história não tenha o aval de nenhuma tradição islâmica, há uma base árabe para ela, oriunda de escritos de um cosmógrafo do século XIV.

Outra versão de Judas pode ser encontrada numa leitura realizada pelos padres da Igreja nos primeiros séculos da fé católica. Havia, segundo eles, uma analogia entre a venda de Jesus aos romanos, com a mesma situação que foi vivida por José, vendido por seu irmão, Judá, para os ismaelitas, de acordo com Genesis 37:26,27. O próprio nome, Judas, teria seu significado em hebraico como sendo "trinta". Assim, alguns intérpretes afirmam que, ao trair Jesus, Judas traiu também sua própria pessoa.

O que é a gnose

O Evangelho de Judas é considerado um texto gnóstico. Para entender melhor essa afirmação, façamos uma breve recapitulação sobre o que foi esse movimento. A palavra *gnose* vem do grego e significa *conhecimento*. Originou-se, provavelmente, na Ásia Menor e tinha como base as filosofias pagãs de regiões conhecidas como Egito, Grécia, Síria e Babilônia.

Assim, o gnosticismo era um movimento religioso cristão, que surgiu por volta dos séculos II e III. Nele há influências visíveis de neoplatonismo e pitagorismo. Seus conhecimentos eram considerados secretos, em grego, *gnose apócrifa,* e combinava elementos do próprio cristianismo com outras doutrinas, como astrologia e religiões gregas como os mistérios de Elêusis.

Um gnóstico possuía conhecimentos secretos que o tornavam diferentes dos demais cristãos que a eles não tinham acesso. O gnosticismo é, assim, conhecido como um sistema de ideias baseadas na gnose, que recebe hoje em dia a denominação de "experiência que não está baseada em conceitos ou preceitos, mas na sensibilidade do coração".

Uma definição sobre o gnosticismo explica que

> apesar de a Gnose ser frequentemente associada a uma religião, ela difere da religião ou fé (no sentido de crença) em um aspecto muito importante. Na religião, o conhecimento do divino não é algo obtido intuitivamente, mas tido e aceito como parte de um "corpo de doutrina" – um dogma ou revelação vinda de fora – exposto em uma escritura sagrada, a Bíblia, Alcorão, Gita, entre outros.

Assim, não é de espantar que o movimento tenha observado e analisado muitos dos hoje chamados evangelhos apócrifos e que seja o ambiente original de uma obra como o recém-apresentado Evangelho de

Judas. Os ensinamentos gnósticos tomariam seu corpo definitivo, a partir dos primeiros séculos da era cristã. Quando da realização do Primeiro Concílio de Niceia, realizado pelo imperador Constantino, no ano 325, as ideias gnósticas já exerciam forte atração entre os cristãos.

Um forte opositor desse movimento foi Irinei, conhecido como Bispo de Lyon, na França (130-202). Ele afirmava que o gnosticismo havia sido criado por Simão, o Mago, líder de uma seita samaritana que existiu na Síria, Frigia e Roma. Essa seita é citada em Atos dos Apóstolos, 8, no seguinte trecho:

> Na mesma cidade, havia um homem chamado Simão, que desde algum tempo praticava a magia". Ele impressionava o povo da Samaria, fazendo-se passar como uma pessoa importante. Todos, pequenos e grandes, aderiam a Simão dizendo: "Esse homem é o poder de Deus, que é chamado Grande.

Os gnósticos romperam com a Igreja Católica entre os anos 80 e 150. Mas a verdadeira preocupação do Concílio de Niceia eram as ideias de Ário, um presbítero cristão de Alexandria, no Egito, fundador de uma doutrina que ficou conhecida como arianismo. Havia três pontos fundamentais na crença, todos com forte influência da gnose:

- O Verbo e o Pai não eram da mesma essência;
- O Filho era uma criação do Pai.
- Houve um tempo em que o Filho ainda não existia.

Quando o concílio chegou ao fim, os arianos se viram afastados dos demais cristão por não aceitarem a doutrina da ala ortodoxa. A descoberta, em 1945, dos manuscritos de Nag Hamadi trouxe de volta muitos dos ensinamentos gnósticos daquela época e fez com que muitas pessoas se interessassem em estudar mais a fundo os inúmeros textos dos Evangelhos Apócrifos.

Judas e os essênios

> Jesus fala com Judas particularmente. Sabendo que Judas estava refletindo sobre algo que era exaltado, Jesus lhe disse, "Afaste-se dos outros e eu poderei te falar sobre os Mistérios do Reino. É possível você alcançá-lo, mas você sofrerá muito. [36] Pois outra pessoa o substituirá, para que os doze [discípulos] possam vir novamente a se realizar com seu Deus." Judas lhe disse, "Quando tu me contarás estas coisas e [quando] virá o grande dia da luz do amanhecer para a geração?" Mas quando ele falou isso, Jesus o deixou. CENA 2: Jesus aparece novamente a seus discípulos.

Na manhã seguinte, depois do que aconteceu, Jesus [apareceu] novamente a seus discípulos. Eles lhe disseram, "Mestre, para onde foste e o que fizeste quando tu nos deixaste?" Jesus lhes disse, "Eu fui para uma outra grande e sagrada geração." Seus discípulos lhe perguntaram, "Senhor, o que é a grande geração, que é superior a nós e mais santa que nós, que não está agora nestes reinos?" Quando Jesus ouviu isto, riu e lhes disse, "Por que vocês estão pensando, em seus corações, na forte e sagrada geração? [37] Verdadeiramente [eu] digo a vocês que ninguém nascido [deste] eon verá essa [geração], e nenhuma hoste de anjos das estrelas regerá aquela geração, e nenhuma pessoa de nascimento mortal pode se associar com ela, porque aquela geração não vem de [...] que se tornou [...]. A geração das pessoas dentre [vocês] é proveniente da geração da humanidade [...] poder, o qual [... os] outros poderes [...] pelo [qual] vocês regem." Quando [seus] discípulos ouviram isto, ficaram turbados de espírito. Não puderam dizer uma só palavra. Num outro dia Jesus apareceu [a eles]. Eles disseram [a ele], "Mestre, nós o vimos em uma [visão], porque tivemos grandes [sonhos...] noite [...]." [Ele disse], "Por que têm [vocês... quando [vocês] foram se esconder?" [38]"

O trecho descrito acima, retirado da tradução do Evangelho de Judas, feita diretamente de um original em inglês e cedida pela *Fraternitas Rosicruciana Antiqua* – Tradição Huiracocha (www.fra.org.br), mostra a conversa que Jesus teria tido em particular com Judas.

É aqui que se fala que o suposto discípulo traidor assumiria seu papel no grande esquema das coisas junto a Jesus, ou seja, ele teria que ajudar o Salvador em sua missão, para que este se livrasse de seu corpo e pudesse transcender o reino espiritual.

Desde sua divulgação pela *National Geographic*, o documento levantou ira e fúria por parte dos católicos mais exaltados. Mas para muitos ainda é encarado como um simples evangelho apócrifo, que tem como ponto principal esclarecer o pensamento gnóstico dos primeiros cristãos. Mas se levarmos em conta que os personagens bíblicos dessa época são influenciados por outras seitas e crenças, então vigentes, poderemos rastrear um mapa de influências e verificar a verdadeira natureza de seus credos.

Evangelhos essênios

Por exemplo, no ano 1923 o pesquisador húngaro Edmond Szekely obteve permissão para pesquisar nos Arquivos Secretos do Vaticano os livros que teriam influenciado outro nome de peso dentro da Igreja Católica, São Francisco de Assis. Mas qualquer um que goste de história, ou que queira simplesmente caminhar pelos mais de 40 quilômetros de estantes que contêm pergaminhos e papiros antiquíssimos, sabe que há muito mais lá guardado do que podem imaginar nossas mentes.

Assim foi que o húngaro viu, entre evangelhos nunca publicados e manuscritos originais de santos e apóstolos, uma obra que lhe chamou a atenção, chamada Evangelho Essênio da Paz, texto teoricamente escrito pelo apóstolo João e que narrava "passagens desconhecidas da vida de Jesus Cristo, apresentado ali, como o principal líder de uma seita judaica, até então pouco comentada, os essênios".

Szekely traduziu o texto e o publicou em quatro volumes, o que gerou sua excomunhão por parte da Igreja Católica. Alguns anos antes, em 1880, o padre inglês Gideon Ouseley encontrou um manuscrito em aramaico em um monastério budista na Índia.

O chamado Evangelho dos Doze Santos teria sido levado para aquele país por essênios que fugiram de sua terra natal e lá se refugiaram. O clérigo saiu, assim, espalhando pelos quatro cantos que havia "descoberto o verdadeiro Novo Testamento". Dizia que, segundo o achado, a Bíblia estava errada e que Cristo era um essênio que defendia a reencarnação e o vegetarianismo. Isso, dito em plena Inglaterra vitoriana, era o mesmo que se confessar blasfemo, o que resultou na destruição do original no incêndio que destruiu a casa de Ouseley.

Esses foram apenas dois exemplos de textos apócrifos que, por causa do sensacionalismo que rodeava a divulgação de seu conteúdo, perderam bastante crédito perante a comunidade histórica. E teorias estranhas sobre o que Cristo fez, ou deixou de fazer, não faltaram nesses anos todos em que novos apócrifos foram descobertos.

Um dos exemplos mais estranhos aconteceu em 1970, quando o pesquisador inglês John Allegro, que também estudava os essênios, cismou de provar que Jesus nunca existiu e que não passava de uma alucinação causada pela ingestão de cogumelos. Seus colegas da comunidade científica chegaram a dizer que Allegro "entendia mais de cogumelos que de Cristo". Intimamente ligados à descoberta dos Manuscritos do Mar Morto, os essênios e sua seita sempre foram um ponto de partida para aqueles que estudam os apócrifos e acreditam que os ensinamentos de Jesus sofreram forte influência deles.

Os essênios

Vamos verificar o que se sabe dessa estranha seita. Para muitos historiadores, dos quais o mais comentado é o orientalista Christian Ginsburg, os essênios foram os precursores do cristianismo, pois a maior parte dos ensinamentos de Jesus, incluindo suas frases e comportamento, remete diretamente ao ideal essênio de vida espiritual.

E não apenas no caso de Jesus, mas também no de Judas, que, especula-se, teria sido um essênio. O nome essênio é originário dos termos *asaya* (sírio), *essenoí* ou *essaya* (aramaico), todos com o significado de médico.

Considerados pelos historiadores como salvos do esquecimento por causa dos pergaminhos encontrados nas cavernas de Qumran, no Mar Morto, os essênios são citados até pelo historiador judeu Flavio Josefo, que viveu do ano 37 até o 100 depois de Cristo. É ele quem relata a divisão dos judeus do Segundo Templo em três grupos principais: saduceus, fariseus e essênios.

Também relata que possuíam cerca de 4 mil membros espalhados por aldeias e povoações rurais. Surgiram numa época em que a Palestina vivia sob o domínio de diversos povos estrangeiros, condição que durava desde o ano de 587 a.C., quando os babilônios atacaram e conquistaram Jerusalém.

No século II a.C. há o domínio dos selêucidas, gregos que habitavam a atual Síria, e a cultura helenista oferecia sérias ameaças às tradições hebraicas. As crenças na vinda do Messias surgiram nessa época como uma maneira de resgatar o judaísmo, pois acreditavam que essa figura divina viria para exterminar aqueles que não seguiam suas crenças e salvar aqueles que seguiam o que conhecemos como Velho Testamento. E isso poderia acontecer a qualquer momento.

Começaram então a aparecer grupos que seguiam preceitos religiosos de maneira bastante ortodoxa e se mostravam chocados com os hábitos das culturas estrangeiras e a grande presença de cegos, surdos e leprosos que infestavam a região do Templo. Esse é o cenário onde os essênios aparecem. Liderados por um sacerdote, uma parte deles vai orar, meditar e estudar as leis na região do Deserto da Judeia, hoje ocupada pelo Estado de Israel. Para eles, era uma região longe de tudo o que consideravam impuro e onde viria a se constituir uma das primeiras comunidades monásticas do Ocidente, o chamado monastério de Qumran.

Esse monastério seria construído numa parte considerada a de menor altitude de todo o planeta, cerca de 400 metros abaixo do nível do mar, onde quase não chove, e o mar apresenta uma densidade tão grande por causa do sal contido em suas águas que o banhista quase não afunda.

Lá são estabelecidas regras de convívio e uma partilha de bens individuais. Mulheres são proibidas, e todos aqueles que não cumpriam as determinações eram duramente punidos. O sacerdote que era o líder, toma a alcunha de Mestre da Justiça, respeitado e cultuado por toda a comunidade e logo se torna uma figura verdadeiramente mítica.

Outro membro assumia o papel de guardião, encarregado de presidir as refeições e decidir questões que envolviam assuntos relativos a doutrina, justiça e pureza. É esse membro que, conhecido como *epis copus*, "aquele que olha de cima", em grego, vai gerar mais tarde a figura do bispo.

Flávio Josefo, o historiador judeu mais conhecido e consultado, recebeu lições de um mestre essênio, com quem conviveu durante três anos, por isso é considerado uma fonte bem confiável. Ele relatou que os membros da seita tinham por hábito acordar antes do nascer do Sol, ficavam em silêncio e faziam suas preces até receberam suas tarefas, que eram designadas por um mestre de acordo com a capacidade de cada componente. Trabalhavam no cultivo de vegetais ou no estudo das Escrituras durante cinco horas diárias.

Assim que suas tarefas terminavam, tomavam banhos frios e vestiam túnicas brancas. Comiam em silêncio, que só era quebrado pelas orações recitadas pelo sacerdote encarregado no começo e no fim de cada período. Depois retiravam suas túnicas e voltavam para um segundo período de trabalho até que o sol se punha. Então, tomavam um segundo banho e jantavam no mesmo esquema da refeição anterior.

Josefo também fala que os essênios tinham uma relação especial com a terra. Um de seus rituais consistia em cavar um buraco de mais ou menos 30 centímetros de profundidade num lugar isolado, depois pulavam para dentro dele, a fim de relaxar e meditar. Usavam um calendário baseado no egípcio, que continha 364 dias. O primeiro dia do ano e de cada mês caía sempre numa quarta-feira para ficar de acordo com os preceitos do Gênesis, que afirmava que o Sol e a Lua foram criados no quarto dia. Esse mesmo calendário trouxe problemas para a seita, pois outros judeus podiam atacar o monastério bem nos *shabbath*, os dias em que o descanso era sagrado e que qualquer esforço físico, inclusive se defender, era proibido.

Eram rígidos mesmo em sua dieta. Absolutamente nenhum homem poderia comer qualquer criatura viva, com uma única exceção: podiam comer peixe, desde que fosse aberto vivo e tivesse seu sangue retirado. Comiam legumes, azeitonas, figos, tâmaras e um tipo muito rústico de pão, que quase não levava fermento. Bebiam suco de frutas e um extrato de uva levemente fermentado conhecido como "vinho novo". Nos *shabbaths*, todos tinham por obrigação passar o dia inteiro em jejum.

Semelhanças com o cristianismo

De acordo com texto publicado no site Mistérios Antigos, há estreitas ligações entre as crenças cristãs e essênias. O arqueólogo inglês G. Lankester Harding, Diretor do Departamento de Antiguidades da Jordânia, fala sobre isso. Veja-se o trecho reproduzido abaixo:

> A mais espantosa revelação dos documentos essênios até agora publicada é a de que os essênios possuíam, muitos anos antes de Cristo, práticas e terminologias que sempre foram consideradas exclusivas dos cristãos. Os essênios tinham a prática do batismo, e compartilhavam um repasto litúrgico de pão e vinho presidido por um sacerdote. Acreditavam na redenção e na imortalidade da alma. Seu líder principal era uma figura misteriosa chamada o Instrutor da Retidão, um profeta-sacerdote messiânico abençoado com a revelação divina, perseguido e provavelmente martirizado. Muitas frases, símbolos e preceitos semelhantes aos da literatura essênia são usados no Novo Testamento, particularmente no Evangelho de João e nas Epístolas de Paulo. O uso do batismo por João Batista levou alguns eruditos a acreditar que ele era essênio ou fortemente influenciado por essa seita. Os Pergaminhos deram também novo ímpeto à teoria de que Jesus pode ter sido um estudante da filosofia essênia. É de se notar que o Novo Testamento nunca menciona os essênios, embora lance frequentes calúnias sobre outras duas seitas importantes, os saduceus e os fariseus.

Embora a região de Qumran esteja historicamente ligada aos essênios, ainda assim não se sabe com certeza se os Pergaminhos do Mar Morto são totalmente de autoria da seita. Na Fortaleza de Massada, construída por Herodes, o Grande, e palco da violenta destruição do último reduto de patriotas judeus pelo exército romano em 73 a.C., foi descoberta uma cópia de um texto que pertence à coleção de Qumran.

Isso levanta a possibilidade de os habitantes das cavernas do Mar Morto serem zelotes da época do massacre. Também há opiniões que afirmam que a região das cavernas era, na verdade, habitada por caraítas, ramificação do judaísmo que defende a autoridade das Escrituras como fonte de revelação divina, judeu-cristãos, zelotes, ala radical dos fariseus, ao mesmo tempo uma seita e partido político judaico, saduceus, seguidores de uma escola filosófica judaica, e fariseus, judeus devotos à Torá e criadores das sinagogas.

O estudo do Evangelho de Judas

O principal motivo para toda essa agitação em torno do Evangelho de Judas é mais que uma tentativa de reabilitar a personagem bíblica, como acusam várias pessoas em diversos fóruns da internet. Muito do que se diz que o texto pode lançar uma luz mais detalhada sobre os essênios e seus pensamentos, além de estabelecer a maneira pela qual seus ensinamentos podem ter influenciado a missão de Jesus. Ainda há aqueles que não admitem ligação entre Jesus e os essênios, alegando que o Filho de Deus, por ser divino, não necessitaria de nenhum tipo de aprendizado terreno, argumento utilizado inclusive para atacar outros apócrifos.

E a ideia de que Judas seria um representante essênio, encarregado de acompanhar Jesus, soa como uma blasfêmia maior ainda. Porém, ninguém poderia esperar que a descoberta tivesse uma repercussão tão grande. Ainda mais porque a história da descoberta do texto parece mostrar que a obra estava mesmo fadada ao desaparecimento.

A antiquária grega Frieda Nussberger-Tchacos comprou o original em 2000, depois que este esteve trancado num cofre de um banco em Nova York por 16 anos. Qualquer um ficaria extremamente preocupado em como lidar com algo tão frágil. Por isso o trabalho da equipe da *National Geographic* para a recuperação não só do documento em si como de seu conteúdo pode ser considerado um grande avanço para a ciência e um bem inestimável para a história bíblica. De acordo com matéria publicada na revista *National Geographic*, o professor Rodolphe Kasser tinha em suas mãos justamente o trecho que consta neste capítulo.

Seu conteúdo mostra um Judas bem diferente do que os quatro evangelhos canônicos, ou oficiais, mostram. O personagem beira o heroísmo e é o único que entende a palavra de Cristo. Seria mesmo uma falsificação engenhosa como a recém-divulgada caixa que guardava os ossos de "Tiago, irmão de Jesus"? Pelo menos no caso desse documento há uma comprovação histórica, vinda de Irineu, bispo de Lyon, por volta do ano 180 d.C. O clérigo escreveu uma obra em cinco volumes chamada *Contra as heresias*, em que criticava de maneira quase violenta "todas as concepções sobre Jesus que diferiam das apresentadas pela Igreja tradicional".

E é o próprio Irineu que cita um grupo que reverenciava Judas Iscariotes e que, segundo ele, "criara uma história fictícia à qual chamam Evangelho de Judas". Quatro especialistas que tiveram acesso ao original opinaram sobre seu conteúdo, e suas observações podem ser ouvidas, no original, em inglês, no site da National Geographic.

O primeiro deles é o professor Marvin Meyer, diretor do Instituto Albert Schweitzer da Universidade de Chapman, no condado de Orange, na Califórnia. É um dos estudiosos de mais renome sobre gnosticismo, a biblioteca Nag Hammadi e textos a respeito de Jesus fora do Novo

Testamento, autor de diversos livros e artigos sobre religiões greco-romanas e cristãs durante a Antiguidade e em seu período final. Conta ele no site:

> O Códice de Tchacos na verdade inclui quatro textos diferentes. É um manuscrito cóptico, com linguagem cóptica escrita em páginas de papiro. Há quatro textos distintos que se encontram neste códice em particular. [...] Os quatro textos encontrados neste códice são: a carta de Pedro a Felipe; um livro ou texto intitulado Jaime, que é uma versão de algo que já conhecíamos – o primeiro Apocalipse ou revelação de Jaime; tem, é claro, o Evangelho de Judas; e então tem um texto em fragmentos no fim que estamos chamando de Livro de Alughenes, ou o Livro do Estranho, que é um texto fascinante a respeito de Jesus e o desconhecido que aparece em forma humana e dá a revelação ao mundo.

Para Meyer, todos os quatro textos que fazem parte do original e grande parte dos de Nag-Hammadi podem ser chamados de gnósticos e os defende, ao afirmar que todos possuem:

> ...um pouco da luz divina, que existe a fagulha divina, dentro de toda pessoa que tenha conhecimento, e se esta pessoa for capaz de jogar fora toda a ignorância e chegar à essência de autoconhecimento que ele ou ela de fato é, então essa pessoa vai reconhecer que existe um pouco de Deus dentro da pessoa.

O segundo especialista é Craig A. Evans, professor do Novo Testamento na Faculdade de Divindades de Acadia, Universidade de Acadia, em Wolfville, Nova Escócia, no Canadá. Foi professor-assistente convidado de estudos religiosos na Universidade de McMaster em Hamilton, Ontário, além de ter atuado durante 21 anos como professor de estudos bíblicos na Universidade Trinity Western, em Langley, na Colúmbia Britânica, também no Canadá. É autor de mais de 50 livros sobre o Novo Testamento. Para ele o elemento mais interessante do Evangelho de Judas é o pedido de Jesus para que Judas o traia. E arremata:

> E acho isso interessante porque os próprios evangelhos canônicos – são Mateus, são Marcos, são Lucas e são João – não nos dizem por que Judas fez o que fez. Ele fez alguma coisa por trás dos panos, e nos evangelhos temos outros personagens que fazem coisas por trás dos panos.

A ideia no texto é bastante clara: Jesus completou seu ministério e precisa voltar para o céu. Para isso, precisa dar um fim ao seu corpo carnal. E Judas é o único que compreende essa intenção e possui a coragem para realizar o que é preciso para alcançar esse objetivo. O terceiro especialista é Bart D. Ehrman, professor e chefe do Departamento de Estudos Religiosos na Universidade da Carolina do Norte (UCN) em Chapel Hill, Estados Unidos. Atua na área de interpretação do Novo Testamento e história do cristianismo antigo, analisando principalmente ortodoxia e heresias. Escreveu e editou 19 livros e vários artigos sobre o início do cristianismo. É ele quem lembra a obra do bispo Irineu e, graças a seus escritos chegou a nós o registro de uma religião gnóstica conhecida como cainitas, que viam Caim, filho de Adão e Eva, como "um herói da fé". Esse grupo o via assim porque:

> Caim teve o bom senso de se voltar contra do Deus dos judeus que, é claro, o puniu pelo assassinato do irmão, Abel. Mas esta não foi uma ação má, foi uma boa ação porque mostrou que Caim estava, de fato, do lado do verdadeiro Deus, e não do Deus que criou este mundo e no fim convocou Israel para ser seu povo.

Para os cainistas, adeptos de uma doutrina que seria mais tarde conhecida como maniqueísta, influência de outras correntes como os cátaros, o Deus deste mundo não era o verdadeiro e acima deste havia outro Deus que merecia ser adorado. Para tanto, era necessário desrespeitar as regras pelo Criador do mundo material. Assim, o Evangelho de Judas seria o texto mais sagrado para esses adeptos.

A quarta e última pesquisadora é Elaine Pagels, professora da bolsa da Fundação Harrington Spear Paine Religião na Universidade de Princeton, nos Estados Unidos. Foi chefe do Departamento de Religião na Faculdade Barnard e, antes, professora-associada da Universidade de Columbia. É autora de diversos livros e artigos a respeito de gnosticismo e o início do cristianismo. Para ela, a noção de que Jesus e Judas agem juntos e que Judas tem um "destino especial" é o aspecto mais fascinante do texto. E acrescenta:

> Independentemente de acreditarmos se é verdade ou não, é uma perspectiva sobre a história de Jesus de que nunca ouvimos falar. É como a perspectiva a respeito de Maria Madalena que obtivemos no Evangelho de Maria ou como a perspectiva de são Tomás que obtivemos no Evangelho de são Tomás, ou a perspectiva de são Paulo ou são Pedro que encontramos nesses outros evangelhos secretos. É que, sabe como é: sabemos muito pouco a respeito da vida e da morte de Jesus de Nazaré.

Capítulo 6
O Evangelho de Maria Madalena

Pedro lhe disse: "Já que nos explicaste tudo, dize-nos isso também: o que é o pecado do mundo?"

Jesus disse: "Não há pecado; sois vós que os criais, quando fazeis coisas da mesma espécie que o adultério, que é chamado 'pecado'. Por isso Deus Pai veio para o meio de vós, para a essência de cada espécie, para conduzi-la a sua origem".

Em seguida disse: "Por isso adoeceis e morreis [...]. Aquele que compreende minhas palavras, que as coloque em prática. A matéria produziu uma paixão sem igual, que se originou de algo contrário à Natureza Divina. A partir daí, todo o corpo se desequilibra. Essa é a razão por que vos digo: tende coragem, e se estiverdes desanimados, procurais força das diferentes manifestações da natureza. Quem tem ouvidos para ouvir que ouça."

Quando o Filho de Deus assim falou, saudou a todos dizendo: "A Paz esteja convosco. Recebei minha paz. Tomai cuidado para ninguém vos afaste do caminho, dizendo: 'Por aqui' ou 'Por lá', Pois o Filho do Homem está dentro de vós. Segui-o. Quem o procurar, o encontrará. Prossegui agora, então, pregai o Evangelho do Reino. Não estabeleçais outras regras, além das que vos mostrei, e não instituais como legislador, senão sereis cerceados por elas". Após dizer tudo isto partiu.

Esse trecho pertence a outro texto apócrifo, conhecido como Evangelho de Maria Madalena. A personagem bíblica mais misteriosa do Novo Testamento foi considerada a autora desse texto, que chegou até nós graças aos fragmentos em copta, escritos provavelmente no século II da era cristã. O texto foi descoberto em 1896, quando o pesquisador alemão, doutor Carl Reinhard, adquiriu na cidade do Cairo, no Egito, um conjunto de textos, hoje conhecidos como o Codex Gnóstico de Berlim ou Codex Akhmim.

O grupo trazia versões em cóptico do evangelho acima citado e de mais dois textos, conhecidos como Apócrifo de João e A Sofia de Jesus Cristo, estes dois últimos também constantes na coleção de Nag Hamadi.

Os três textos só vieram a público em 1955, em grande parte graças à eclosão das duas guerras mundiais. O Evangelho de Madalena, também conhecido como Evangelho de Maria, surgiu pouco depois do aparecimento da Biblioteca de Nag Hammadi.

Na única cópia conhecida do texto faltam alguns trechos como os que seriam as páginas de 1 a 6 e de 11 a 14. A figura de Madalena, entretanto, aparece pouco, e quando o faz é chamada apenas de "Maria". A autoria atribuída a Madalena é apenas uma sugestão da mente popular, e alguns estudiosos afirmam que poderia se tratar de qualquer uma das Marias que aparecem no Novo Testamento. Mas Madalena, cuja figura é emblemática e sedutora para aqueles que estudam os apócrifos, acaba ganhando a preferência dos estudiosos que argumentam que há passagens que falam sobre "a discípula que mais de perto seguiu a Jesus e aquela a quem Jesus teria aparecido primeiro após sua ressurreição".

Esse texto sobrevive graças aos dois fragmentos gregos do século III, ainda existentes, e a uma tradução mais longa para o copta datada do século V. Calcula-se que, embora haja referências à sua descoberta entre 1938 e 1983, esse evangelho apócrifo já era conhecido e divulgado desde o século III.

O conteúdo

Toda a polêmica levantada pela obra de Dan Brown colocou a figura de Madalena como novidade para toda uma geração de novos cristãos. Mas o que muitos não sabem é que, no início do cristianismo, havia certa confusão com pelo menos três personagens diferentes chamadas Marias.

Enquanto a Igreja Católica costumava celebrar em sua liturgia as três mulheres, a versão grega o fazia em separado. Assim, havia a figura de Maria de Betânia, irmã de Lázaro e de Marta; a de Maria, a denominada "pecadora a quem muito foi perdoada porque muito amou"; e a de Maria Madalena ou Maria de Magdala, que seguiu Jesus e esteve em sua companhia até a crucificação.

Não só o nome causava a confusão como também a interpretação de certos religiosos ajudou nesse ponto. Um exemplo foi São Gregório Magno, que viu em todas as passagens do Evangelho que envolviam as três Marias uma mesma pessoa. No site da misteriosa Opus Dei há uma notícia, assinada por Juan Chapa, que fala um pouco sobre o conteúdo do texto:

> No texto fragmentário que nos chegou até nós, narra-se que os discípulos fazem perguntas a Cristo ressuscitado e Ele as responde. Depois, envia-os a pregar o evangelho do reino aos gentios e vai embora. Os discípulos ficam tristes, sentindo-se incapazes de cumprirem o mandamento. Então, Maria, anima-os a realizá-lo. Pedro lhe pede que lhes comunique as palavras do Salvador que eles não tinham escutado, porque sabem que Ele "amava-a mais do que às outras mulheres". Maria conta a sua visão, cheia de referências gnósticas. No contexto de um mundo que se encaminha para a sua própria dissolução, ela explica as dificuldades da alma para descobrir a sua verdadeira natureza espiritual, na sua ascensão ao lugar do seu eterno descanso. Quando acaba de narrar a sua visão, Maria percebe que André e Pedro não acreditam nela. Pedro questiona que o Salvador a preferisse aos apóstolos e Maria começa a chorar. Levi a defende-a ("Você, Pedro, sempre tão impetuoso") e acusa Pedro de ficar em contra da "mulher" (provavelmente, está se referindo a Maria mais do que à mulher em geral), como faziam os adversários. Anima-os a aceitar que o Senhor tenha preferido Maria, a revestir-se do homem perfeito e a marchar viajar pregando o evangelho, coisa que finalmente acabam por fazer.

Na realidade, a noção de que havia uma oposição dos discípulos a essa Maria, que, de acordo com o representante da Opus Dei, também é vista em outros textos como o Evangelho de Tomé e o Evangelho Grego dos Egípcios, é a base para o *best-seller* de Dan Brown. Seria essa mesma a interpretação do texto?

Para alguns, é meio difícil saber, uma vez que o original se encontra fragmentado e, portanto, difícil de analisar como uma peça inteira. Mas voltemos às poucas informações que foram obtidas dos fragmentos recuperados.

O Evangelho de Maria narra trechos de conversas passadas entre Jesus e seus discípulos quando estes estavam juntos. A ação acontece pouco depois da Ressurreição. Em determinado trecho são eles que perguntam como poderão ir até os gentios e pregar "o Evangelho do Reino do Filho do Homem? Se nem ele foi poupado, como o seremos nós?" A resposta de Maria, que os incita a ter coragem, é: "Vamos antes louvar sua grandeza, pois ele nos preparou e tornou-nos homens". Em seguida ela narra uma visão que teve de Jesus e sua conversa com Ele, num trecho que demonstra claras influências do gnosticismo. O trecho a seguir vem dos manuscritos:

> Maria Madalena respondeu dizendo: "Esclarecerei a vós o que está oculto". E ela começou a falar essas palavras: "Eu...", disse ela, "Eu

tive uma visão do Senhor e contei a Ele: 'Mestre, apareceste-me hoje numa visão'. Ele respondeu e me disse: 'Bem-aventurada sejas, por não teres fraquejado ao me ver. Pois, onde está a mente, há um tesouro'. Eu lhe disse: 'Mestre, aquele que tem uma visão vê com a alma ou com o espírito?' Jesus respondeu e disse: "Não vê nem com a alma nem com o espírito, mas com a consciência, que está entre ambos – assim é que tem a visão [...]". E o desejo disse à alma: 'Não te vi descer, mas agora te vejo subir. Por que falas mentira, já que pertences a mim?' A alma respondeu e disse: 'Eu te vi. Não me viste, nem me reconheceste. Usaste-me como acessório e não me reconheceste.' Depois de dizer isso, a alma foi embora, exultante de alegria. 'De novo alcançou a terceira potência, chamada ignorância. A potência, inquiriu a alma dizendo: 'Onde vais? Estás aprisionada à maldade. Estás aprisionada, não julgues!' E a alma disse: 'Por que me julgaste apesar de eu não haver julgado? Eu estava aprisionada; no entanto, não aprisionei. Não fui reconhecida que o Todo se está desfazendo, tanto as coisas terrenas quanto as celestiais.' 'Quando a alma venceu a terceira potência, subiu e viu a quarta potência, que assumiu sete formas. A primeira forma, trevas; a segunda, desejo; a terceira, ignorância; a quarta é a comoção da morte; a quinta é o reino da carne; a sexta é a vã sabedoria da carne; a sétima, a sabedoria irada. Essas são as sete potências da ira. Elas perguntaram à alma: 'De onde vens, devoradora de homens, ou onde vais, conquistadora do espaço?' A alma respondeu, dizendo: 'O que me subjugava foi eliminado e o que me fazia voltar foi derrotado..., e meu desejo foi consumido e a ignorância morreu. Num mundo fui libertada de outro mundo; num tipo fui libertada de um tipo celestial e também dos grilhões do esquecimento, que são transitórios. Daqui em diante, alcançarei em silêncio o final do tempo propício, do reino eterno'".

Em outro trecho revela-se a pedra fundamental da trama de *O Código da Vinci*:

> Mas André respondeu e disse aos irmãos, "Digam o que vocês pensam com respeito ao que ela disse. Pois eu não acredito que o Salvador tenha dito isso. Pois certamente tais ensinamentos são de outras ideias." Pedro também se opôs a ela com relação a esses assuntos e perguntou-lhes sobre o Salvador. "Teria ele, então, falado secretamente a uma mulher de preferência a nós e não abertamente? Devemos nós voltar e escutá-la? Terá ele preferido ela a nós?"

Madalena aparece como uma discípula de grande importância para quem Jesus teria confidenciado informações não repassadas aos discípulos homens, por isso é questionada por Pedro e André. Ela se torna, assim, confidente de Jesus e mais próxima a Ele do que os demais. O que separa a ficção de Dan Brown do texto original é o fato de que, nesses manuscritos, não há nenhuma passagem que sugira ter havido um relacionamento mais profundo entre Madalena e seu Mestre, a ponto de se tornarem marido e mulher.

Para os evangelhos apócrifos, ela era uma mulher capaz, ativa, amorosa, com habilidades de conhecer e falar "o Todo", uma verdadeira referência à mais alta Sabedoria. Uma leitura desses detalhes revela uma Madalena dona de uma habilidade de saber das coisas inexplicáveis, como sua visão pessoal de Cristo, uma vez que não o questionava como os outros discípulos. Ela simplesmente via os emissários divinos e transmitia suas mensagens. E foi justamente essa interpretação, entre outras, que abriu margem para as histórias de guerra dos sexos entre a Igreja tradicional e os gnósticos.

Podemos resumir os tópicos tratados no texto em três:

1) A mortalidade e sua origem como resultado do demiurgo, formador do Mundo Inferior ou Material, conceito bem difundido entre os gnósticos, que afirmam que o criador do mundo material e o do espiritual não são o mesmo Deus;
2) A ascensão de Jesus e suas consequências;
3) A ascensão da alma humana, do ponto de vista do gnosticismo.

A identidade de Madalena

Na verdade, pouco ou quase nada se sabe sobre essa estranha e misteriosa personagem que incitou a imaginação pessoal e foi a pivô de discussões sobre a verdadeira intenção da Igreja. A própria Bíblia, com seus evangelhos canônicos, traz poucas informações a seu respeito. Sabe-se que era natural de Magdala, na Galileia, uma localidade na costa ocidental do Lago de Tiberíades, também conhecido como Lago da Galileia ou de Genesaré. Jesus teria expulsado dela, sete demônios, o que a fez acreditar Nele como sendo o Messias.

Esteve presente na crucificação ao lado de Maria, mãe de Jesus, e outras mulheres, tendo também papel ativo na preparação do funeral, quando voltou a Jerusalém para comprar e preparar certos perfumes a ser usados quando o sábado, dia santo dos judeus, tivesse passado. Assim, no dia seguinte ao sábado, logo de manhã, foi até o sepulcro onde o corpo de Jesus havia sido deixado para completar o trabalho e encontrou-o vazio. Foi ela quem recebeu de um anjo a notícia de que Jesus havia ressuscitado e que cabia a ela avisar aos discípulos.

Foi, assim, a primeira testemunha da Ressurreição. Em sua homenagem a Igreja comemora seu dia em 22 de julho. E isso é tudo o que se sabe de Madalena, vindo dos Evangelhos Canônicos. Outro detalhe intrigante é o fato de, em momento algum dos evangelhos do Novo Testamento, há qualquer afirmação explícita de que Madalena era uma prostituta.

Essa imagem foi gerada a partir da associação da personagem com certas passagens, como a que descreve a pecadora que unge os pés de Jesus, vista em Lucas 7, 36-38, a da mulher que derrama óleo perfumado sobre Sua cabeça, narrada em Mateus 26, 6-7, e a da esposa prestes a ser apedrejada por adultério, que é salva por Cristo, conforme João 8, 3-12. Porém, em momento algum, se diz que uma das três mulheres era Madalena.

O grande responsável pela associação foi o papa Gregório I (590-604) que, no ano 591, fez um sermão polêmico em que declarava que Maria Madalena, Maria de Betânia e a prostituta sem nome citada nas passagens eram, de fato, a mesma pessoa. O estrago estava assim feito e essa ligação se tornou tão forte e duradoura que, por quase dois mil anos, ela foi conhecida como uma mulher promíscua e devassa, salva de seu destino por obra e graça do Salvador. E o Vaticano deixou que seus fiéis pensassem assim até o ano 1969, quando esse "erro" foi corrigindo após cerca de 1.378 anos depois da ocorrência dos fatos.

De acordo com o site Mistérios Antigos, um teólogo, Jeffrey Bingham, do *Dallas Theological Seminary*, afirmou que, fora essa referência feita por Gregório I, nenhuma outra foi encontrada. Já o Padre Richard Mcbrian, da Notre Dame University, concorda que a afirmação seja falsa e que o fato de Madalena ter sido vítima da possessão de sete demônios, passagem descrita em Marcos 16, 9, não quer dizer que ela fosse promíscua. São contradições como essas, existentes nos quatro evangelhos oficiais ou canônicos, que os textos apócrifos procuram explicar e completar a história como a conhecemos.

Veneração

A Igreja Ortodoxa mantém uma tradição interessante a respeito de Madalena. Para ela, a personagem, já reconhecida como santa, foi para Éfeso, na Grécia, na companhia de Theotokos, Maria, mãe de Jesus, logo após a Ressurreição, e que morreu lá.

Depois teve suas relíquias, ou seja, seus restos mortais, transferidos para a cidade de Constantinopla, atual Istambul, na Turquia, em 886, onde ficaram por lá preservadas. Para estudiosos como Gregório de Tours, ela teria mesmo ido para Éfeso, sem nenhuma referência posterior para a Gália ou qualquer outra região da França. Porém, poucos sabem indicar como foi que o culto a Madalena surgiu na região francesa de Provença.

Por ser uma santa da Igreja Católica Romana, suas relíquias foram primeiro veneradas na abadia de Vézelay, na Borgonha. Outro historiador medieval, Jacó de Voragine, também conhecido como Jacobus, nos legou a história oficial do transporte das relíquias de sua sepultura no oratório de São Maximiliano em Aix-em-Provence para a então recém-fundada abadia de Vézelay, chamada de Abadia de Vesoul em certos documentos da época, em 771.

Seriam as mesmas que foram levadas para Constantinopla? Não se sabe ao certo. O responsável pelo transporte foi o próprio fundador da abadia, identificado como Gerard, duque da Borgonha. Uma curiosidade é que o São Maximiliano dessa lenda seria uma personagem que teria sido unida ao bispo histórico Maximiliano, que realmente existiu. A personagem assimilada a ele teria acompanhado Madalena, Martha e Lázaro até a Provença.

Outro culto registrado em 1279 fala que peregrinos buscavam o corpo da santa, que havia sido encontrado na cidade de Saint-Maximin-la-Sainte-Baume, na Provença, para onde verdadeiras multidões convergiam. A grande quantidade de pessoas fez com que o altar, inicialmente erguido para honrar a santa, fosse transformado numa enorme Basílica do século XIII, uma das mais belas igrejas góticas do sul da França.

A competição entre os monges beneditinos de Vézelay e os dominicanos de Saint-Maxime gerou uma onda de literaturas, folhetos, em sua maioria, que apoiavam um ou outro lugar como o verdadeiro local de descanso de suas relíquias. Jacobus de Voragine compilou uma obra, identificada como Legenda Áurea em latim (Lenda Dourada), em que caracterizou Madalena como o emblema da penitência e protetora dos peregrinos de Jerusalém.

Retratou nessa obra sua vida como uma espécie de romance literário, terminando com sua morte no oratório de São Maximiliano. Suas fontes seriam alegadamente os historiadores Heggesipus e Josephus. A tradição francesa de São Lázaro, Saint Lazare, diz que Maria, já identificada como Madalena, seu irmão Lázaro e Maximiliano, expulsos da Terra Santa, atravessaram o Mediterrâneo num barco frágil sem leme e foram parar na cidade de Saintes-Maries-de-la-Mer, cidade próxima a Arles.

Maria Madalena foi então para Marselha e converteu ao cristianismo toda a Provença. Dizem que ela se retirou para uma caverna em uma colina próxima, chamada La Sainte-Baume, que se traduz como A Caverna Sagrada, onde se entregou a uma vida de penitência por trinta anos. Quando chegou a hora de morrer, teria sido carregada por anjos para Aix, onde foi posta no oratório de São Maximiliano, e recebeu o sacramento. Depois seu corpo teria sido posto num oratório construído por São Maximiliano, em um local chamado Villa Lata, depois chamado pelo nome do santo. Não há, entretanto, nenhuma menção anterior a essas histórias, que teriam aparecido apenas em 745 quando, de acordo com registros de Sigisberto, um cronista da época, as relíquias foram removidas para Vézelay por medo de ataque dos sarracenos.

Não há registro de algum retorno das relíquias e um caixão associado a Madalena permaneceu naquela região. Em 1279, quando Carlos II, Rei de Nápoles, ergueu um convento dominicano em La Sainte-Baume, o altar foi miraculosamente encontrado intacto, com uma inscrição explanatória que dizia onde as relíquias estavam escondidas. Em 1600, os achados foram postos num sarcófago numa operação supervisionada pela papa Clemente VIII.

A cabeça de Madalena teria sido colocada num relicário em separado. As relíquias e imagens a ela associadas foram espalhadas e destruídas quando estourou a Revolução Francesa. Somente em 1814, a igreja de La Sainte-Baume, que também havia sido destruída durante aquele período turbulento, foi restaurada e, em 1822, a gruta foi novamente consagrada à santa. A cabeça de Madalena hoje está lá e é o motivo de muitas peregrinações.

Madalena e Pedro: a controvérsia

Os tomos dos Arquivos do Vaticano possuem material abundante para quem deseja se aprofundar no estudo da Bíblia. Desde que os textos apócrifos surgiram e a Igreja começou sua operação para limpeza dos assim considerados "heréticos", Madalena passou a ser considerada um símbolo ligado intimamente aos gnósticos. Não é nenhuma novidade a posição que escritores modernos como Lynn Picknett, Clive Prince, ou mesmo Dan Brown a colocam na briga entre o catolicismo tradicional, representado pela figura do apóstolo Pedro, e o gnosticismo, representado por Madalena.

Assim sendo, faz-se importante ter noção das diferenças entre os dois movimentos. Na verdade, essas mesmas diferenças motivaram anos de debates entre teólogos, a ponto de a posição deles mudar quanto à filosofia analisada. Vamos começar definindo um dos nomes pelos quais os gnósticos chamavam Madalena.

Sophia era um elemento central no conhecimento da cosmologia do Universo. Uma figura feminina em si, é definida como semelhante à alma humana e, ao mesmo tempo, um dos aspectos femininos de Deus e a Noiva de Cristo. Essa entidade teria caído em desgraça de alguma maneira que não se sabe, mas que se supõe que tenha acontecido por ter criado ou ajudado a criar o mundo material, mau por natureza.

Assim, o drama central do universo seria a redenção de Sophia, que vive em todos nós como a Centelha Divina, por meio de Cristo, definido na literatura gnóstica como Logos. Assim, uma das missões de Cristo seria trazê-la de volta para a presença de Deus. A tradição gnóstica diz que o nome em si, em grego, Σοφία, significa "sabedoria", refere-se à mais baixa emanação de Deus.

Na maioria das versões desse mito, ela traz instabilidade ao Pleroma, termo que designa a totalidade dos poderes de Deus, que, por sua vez, é usada na criação do mundo material. Por isso, uma visão positiva ou negativa desse mundo depende das interpretações dadas às ações da entidade no mito. É também mencionada pelos hebreus com o nome de Achamoth.

Quase todos os sistemas gnósticos originados na Síria e no Egito ensinam que o universo começou com um Deus desconhecido, chamado de Bythos, em grego, Βυθος, significa "a profundidade". Esse é o primeiro Aeon, uma de várias manifestações de Deus. Dessa unidade inicial surgiram todas as outras, numa sucessão um tanto confusa para se explicar a quem não conhece a disciplina. Todos os Aeons juntos formariam o Pleroma, que não deve ser visto como algo distinto de Deus, mas sim como abstrações simbólicas da natureza divina.

O importante é mesmo entender que Sophia teria aparecido dessa sucessão e que faria par com Cristo. Essa definição da entidade Sophia é importante para entender como os gnósticos viam Madalena. Ela seria, sim, a encarnação de Sophia e, como tal, destinada a se unir ao Logos (Cristo) a fim de unificar o Pleroma. Assim, o aspecto feminino seria algo impossível de ser aceito numa sociedade masculina e seria a pedra que geraria a confusão entre o conhecimento oculto de Madalena e o representante oficial da Igreja, no caso, Pedro.

Sophia no judaísmo e no cristianismo

Embora o conceito de Sophia seja mais comum na literatura gnóstica, não é exclusividade desta. A própria Bíblia a menciona no Livro dos

Provérbios (8.22-31). Também é citada nos Salmos e no Novo Testamento. No judaísmo, aparece ao lado da Shekinah (a Glória de Deus), esta, uma figura central na cosmologia cabalística que assume um papel de expressão do aspecto feminino de Deus. Também a Shekinah possui um papel duplo, pois está ao lado de Deus e, ao mesmo tempo, é exilada para o mundo material, chamado de Malkuth.

Já na Igreja Ortodoxa da Rússia, Sophia é vista como parte essencial da divindade de Deus por grandes nomes da filosofia daquele país, incluindo Pavel Alexandrovich Florensky (1882-1937) e Sergei Bulgakov (1871-1944), autor de Sophia: A Sabedoria de Deus, livro em que dizia que Sophia coexistiria no mesmo nível da Santíssima Trindade, operando como princípio feminino de Deus, em contraste com os três princípios masculinos. Mesmo em tempos modernos o assunto gera polêmica: a obra de Bulgakov foi duramente atacada pelas autoridades ortodoxas e denunciada como herética.

No catolicismo romano, há o registro de Santa Hildegarda von Bingen (1098-1179), uma líder religiosa que também celebrava Sophia como uma figura cósmica em seus escritos e música. E do lado protestante há Jane Leade, teosofista e fundadora da Philadelphia Society For The Advancement Of Piety And Divine Philosophy (Sociedade Filadélfia Para o Avanço da Devoção e da Filosofia Divina). Ela teve visões da "Virgem Sophia", que prometeu desvendar para ela os segredos do universo. Leade se declarou uma "Noiva de Cristo" e continuou a transcrever suas visões posteriores do mesmo modo que Santa Hildegarda, gerando uma coleção de muitos relatos místicos.

Alguns estudiosos e historiadores veem a Virgem Maria como a expressão de Sophia, embora a maioria concorde que, se a analogia fosse correta, seria num sentido muito reduzido; esse é um dos principais argumentos que os defensores da identificação com Madalena usam para rebater as críticas. Sophia é vista como uma expressão de toda a Criação e totalmente integrada com o bem-estar espiritual da humanidade, enquanto a Virgem é vista como um elemento fora da Criação, porém comprometida a interceder a favor da humanidade para aliviar seu sofrimento.

Competição

Vamos dar agora uma rápida olhada em outros apócrifos que citam fatos relacionados à Maria Madalena. Vemos que, mais que apenas uma personagem que ficou presa à imagem de prostituta, a santa já era polêmica, mesmo quando estava vivendo entre os judeus.

Há poucas notas esclarecedoras sobre ela nos evangelhos canônicos. Mas é inegável que estava intimamente relacionada com as passagens mais importantes da história, como a Paixão e a Ressurreição. Para os defensores da tese de que Madalena era a escolhida para instaurar a igreja de Cristo. Ela era uma discípula, embora não haja sequer uma linha que defenda essa posição. Ela seria, assim, a portadora da Boa Nova e testemunha da Ressurreição.

As fontes gnósticas, ao contrário das canônicas, fornecem bem mais detalhes sobre sua atuação no meio dos discípulos. Lá ela passa a ser descrita como uma "líder ativa no discipulado de Cristo", chegando a ser comparada a uma professora dos apóstolos. A fonte da polêmica que jogou cristãos tradicionais contra gnósticos começa com o Evangelho de Felipe, em que há um relato sobre a "união do homem e da mulher como símbolo da cura e paz" e outras passagens que falavam sobre o relacionamento entre Jesus e Madalena, descrita como "a companhia mais íntima de Jesus, e símbolo da Sabedoria Divina".

O texto fala ainda que ela era frequentemente beijada por ele, o ponto que mais levou a discussões. Os católicos alegam que o beijo entre mestre e discípula era comum e que não havia nenhuma insinuação de amor carnal num gesto desse tipo, enquanto os gnósticos veem uma relação especial aqui retratada. Mas um trecho, em especial, suscita a imaginação:

> E a companheira do Salvador é Maria Madalena. Cristo amava-a mais que a todos os discípulos e costumava beijá-la com frequência na boca. O resto dos discípulos ofendia-se com isso e expressava sua desaprovação. Diziam a ele: "Por que tu amas mais do que a nós todos?"

Em outro texto, chamado de Diálogo do Salvador, parte da coleção de Nag Hammadi, Madalena aparece juntamente com Tomé e Mateus para receber ensinamentos especiais. Porém, é ela que é exaltada sobre os demais com as palavras: "ela falou como uma mulher que conhecia o TODO".

É também desse texto que se extraiu outra passagem em que Levi, incomodado pela reação irritada de Pedro, responde a ele da seguinte forma: "Pedro, você foi sempre irascível. Se o Salvador a considerou digna, quem é você para rejeitá-la? Certamente o Salvador a conhecia muito bem. Por isso amava-a mais que a nós".

E Madalena, sem perder tempo, vai até Jesus e se queixa da reação do enciumado Pedro e do constrangimento de receber prioridade. Pedro, aliás, é descrito como aquele que "odiava a espécie feminina". Jesus encerra a discussão alegando: "Aquele que o Espírito inspirar recebe ordenação divina para falar, seja homem ou mulher".

Outro texto que mostra o embate entre Pedro e Madalena é chamado de *Pistis Sophia*. Em dada passagem há a descrição de como Pedro se irritava porque Madalena dominava a conversa com Jesus e parecia entender tudo o que Ele falava, enquanto os outros permaneciam sem a compreensão. Pedro, temendo perder sua posição de liderança, exige que Jesus a silencie, gesto pelo qual é imediatamente repreendido. Mais tarde, quando Madalena admite em frente a Jesus que não ousa falar livremente quando Pedro está por perto, pois "Pedro faz-me hesitar; tenho medo dele porque ele odeia a raça feminina", o Mestre responde que "quem quer que o espírito tenha inspirado é divinamente ordenado a falar, seja homem ou mulher".

O próprio Evangelho de Madalena fala que, quando Jesus foi morto, foi a ela que os discípulos, desanimados, procuraram para que esta os animasse a continuar. Ela fala de sua visão de Cristo e o que Ele tinha lhe revelado. A reação: todos duvidaram e a rechaçaram.

O que se vê em vários textos é justamente essa briga que há entre as personagens. Não se pode fazer conjecturas, porém, que esses atritos seriam mesmo uma prova de uma cisão no grupo, ou uma maneira de criar uma líder alternativa. Seja como for, Madalena é tida nesses textos como uma mulher capaz, ativa, amorosa, com habilidades de conhecer e falar sobre "o Todo", o que seria para muitos uma referência à mais alta Sabedoria, ou seja, que ela seria a encarnação de Sophia.

O milagre de Madalena

Com tanto conhecimento, era de esperar que houvesse algum texto entre os apócrifos encontrados que relatasse Madalena operando milagres. Um desses textos, pertencente ao Códice de Berlim, relata um encontro da santa com Pôncio Pilatos, logo após ela ter testemunhado a Ressurreição de Cristo.

Ela corria para dar a notícia aos discípulos, quando encontrou o procurador romano a quem relatou o ocorrido. A reação dele não poderia ser outra: duvidou e ordenou que ela provasse. No mesmo instante, passava ao lado deles uma mulher que carregava uma cesta de ovos. Madalena tomou um em suas mãos e ergueu-o perante Pilatos. O ovo assumiu uma cor vermelho vivo. Em memória a esse evento foi erguida na Catedral de Jerusalém uma porta onde se vê uma estátua de Madalena segurando um ovo colorido. Mesmo essa passagem traz uma simbologia muito profunda, a começar pela figura do ovo, símbolo de uma vida nova. Para muitos esotéricos e mesmo adeptos do gnosticismo, cultuar os símbolos de Madalena é uma forma de adentrar em seus mistérios.

O outro lado da moeda

Vamos agora fazer uma rápida recapitulação sobre o que se sabe sobre o maior adversário de Madalena. Teria mesmo o primeiro papa sido um homem avesso à "espécie feminina"?

São Pedro, que de acordo com a tradição, teria morrido no ano 67 d.C., crucificado de ponta cabeça, foi um dos doze apóstolos de Jesus, conforme relatado nos evangelhos canônicos. Seu nome original não era esse, mas Simão, conforme aparece nos livros Atos dos Apóstolos e na Segunda Epístola de Pedro.

A mudança de nome, uma tradição seguida até hoje pelos papas, que adotam nomes eclesiásticos e abandonam os nomes anteriores, teria ocorrido por vontade de Jesus, que teria se referido ao então apóstolo como Petros, nome grego masculino, derivado da palavra "petra" (pedra). Em aramaico seu nome tem quatro formas conhecidas: Cephas, Kephas, Kepha ou Cefas.

Como Jesus falava aramaico, esses seriam os nomes originais, e não a versão grega que ficou marcada até hoje. Pedro, assim como Paulo, são dois nomes essenciais na constituição da teologia católico-romana. Os dois fundaram a Santa Sé, a Igreja de Roma, e Pedro, considerado "o príncipe dos apóstolos", foi o primeiro bispo da cidade, por isso é considerado o primeiro papa, título que só seria usado oficialmente séculos mais tarde. Pedro era pescador antes de se juntar a Jesus. Especula-se que teria nascido em Betsaida, povoado de pescadores que fica na região nordeste do Mar da Galileia, e que morou em Cafarnaum, que ficava na margem norte do mesmo mar.

Toda a passagem em que conhece Jesus e se torna um de seus discípulos está bem documentada nos evangelhos canônicos, então é desnecessário repetir a história por aqui. Vamos nos concentrar nas atividades de Pedro depois da Ressurreição. De acordo com a doutrina católica, exerceu o episcopado na cidade de Antioquia, a moderna Antaquia, na Turquia, e foi para Roma depois de um período passado na prisão de Jerusalém. Era a época do imperador Cláudio, e as coisas não iam muito bem para judeus e cristãos na capital do Império Romano.

Pedro teria ficado por lá até ser expulso da cidade, quando voltou a Jerusalém, Antioquia e outras localizações antes de tentar Roma novamente.

Como a comunidade romana cristã foi fundada por dois apóstolos, Pedro e Paulo, é considerada a mais importante das cidades ocidentais, por isso a Igreja se estabeleceu por lá, além de ser a única do Ocidente instituída por um deles, o que teria originado o primado sobre todas as outras comunidades locais (dioceses). Seu bispo, o papa, é respeitado como o pastor universal da Igreja Católica. A sucessão papal, também chamada de petrina, se inicia com o sucessor de Pedro, São Lino (no ano 67) e segue até os dias de hoje, com o papa Francisco.

Pedro segundo o gnosticismo

É claro que, com tantos textos apócrifos atribuídos aos mais variados apóstolos, não poderia faltar um evangelho que fosse atribuído a Pedro. De fato, um dos cinco textos a ele atribuídos foi encontrado em 1886 no Egito. Esse texto relata as últimas cenas da paixão, a ressurreição e as aparições de Jesus ressuscitado. Especialistas projetam sua origem na primeira metade do século II, e a obra chegou a ser adotada por Serapião (190-221), bispo de Antióquia, que permitiu seu uso na Igreja de sua região. Essa posição logo mudaria quando, ao ler o texto com mais atenção, o bispo percebeu que havia muitas doutrinas gnósticas e ordenou sua apreensão e proibição imediatas.

O bispo de Antióquia chegou a admitir que, embora houvesse vários elementos que estavam de acordo com o ensino apostólico, esse evangelho levou muitos cristãos de Rhosso (Rodes) a abandonar a fé. Além de Serapião, outros bispos católicos como Orígenes (185-253), Eusébio de Cesareia (275-339) e Teodoreto de Ciro (393-457) fazem referências à sua existência em seus escritos. Talvez o maior problema tenha sido uma passagem em que aparece a polêmica figura de Madalena, identificada como "a discípula do Senhor". Outra passagem que deixa muita coisa no ar é o começo do terceiro capítulo desse evangelho, que diz:

> Semelhantemente, vós, mulheres, sede sujeitas aos vossos próprios maridos; para que também, se alguns não obedecem à palavra, pelo porte de suas mulheres sejam ganhos sem palavra; Considerando a vossa vida casta, em temor. O enfeite delas não seja o exterior, no frisado dos cabelos, no uso de joias de ouro, na compostura dos vestidos; Mas o homem encoberto no coração; no incorruptível traje de um espírito manso e quieto, que é precioso diante de Deus. Porque assim se adornavam também antigamente as santas mulheres que esperavam em Deus, e estavam sujeitas aos seus próprios maridos; Como Sara obedecia a Abraão, chamando-lhe senhor; da qual vós sois filhas, fazendo o bem, e não temendo nenhum espanto.

Assim sendo, temos os seguintes textos atribuídos a Pedro:

- O Evangelho de Pedro;
- O Evangelho Perdido de acordo com Pedro;
- Revelações de Pedro;
- As Pregações de Pedro e Paulo;
- O Evangelho Segundo Pedro.

Este último é um texto que fala sobre a infância de Jesus, conforme teria sido relatada ao apóstolo por Nossa Senhora. Foi publicado pela primeira vez em 1677 e possui versões em grego, latim, armênio e árabe.

Na narrativa a seguir temos mais detalhes sobre o encontro de Jesus com os sábios, no templo de Jerusalém, além de suas brincadeiras com outras crianças e seu trabalho na companhia de José, seu pai. E mesmo assim foi considerado herético, conforme podemos ver na seguinte passagem:

> Quando o Senhor Jesus havia completado o seu sétimo ano, ele brincava um dia com outras crianças de sua idade. Para divertir-se, eles faziam com terra molhada diversas imagens de animais, de lobos, de asnos, de pássaros, cada um elogiando seu próprio trabalho e esforçando-se para que fosse melhor que o de seus companheiros. Então o Senhor Jesus disse para as crianças: Ordenarei às figuras que eu fiz que andem e elas andarão. As crianças perguntaram-lhe se ele era o filho do Criador e o Senhor Jesus ordenou às imagens que andassem e elas imediatamente andaram. Quando ele mandava voltar, elas voltavam. Ele havia feito figuras de pássaros que voavam, quando ele ordenava que voassem, e que paravam, quando ele dizia para parar. Quando ele lhes dava bebida e comida, eles comiam e bebiam. Quando as crianças foram embora e contaram aos seus pais o que haviam visto, eles disseram: Fugi, daqui em diante, de sua companhia, pois ele é um feiticeiro! Deixai de brincar com ele!

Capítulo 7
As alterações feitas na Bíblia

Falar sobre os Arquivos Secretos do Vaticano leva a dois assuntos que sempre despertaram certa curiosidade nas pessoas: conhecer os processos reais das pessoas perseguidas pela Inquisição e saber mais sobre os documentos que estão lá e que tratam de assuntos polêmicos, como os processos da Inquisição e a manipulação (alteração) dos textos da Bíblia.

Sabe-se que o livro sagrado do cristianismo foi traduzido e sofreu alterações ao longo dos anos por motivos ligados ao trabalho de adaptação de uma língua morta, como o aramaico, para o grego, o latim e depois para as línguas mais modernas. Mas o que se sabe sobre esse processo de modificação, mesmo que tenha sido involuntário?

Intervenção humana

O *status* de livro sagrado que a Bíblia adquiriu com o passar dos anos causou muito da bibliolatria. Também há a questão das alterações e edições sob o ponto de vista histórico, um ponto que, para muitos, seria o suficiente para que estudiosos fossem queimados por duvidar de intervenção humana em tais textos.

O fato é que, querendo ou não, é necessário admitir que tal coisa aconteceu. Com o passar dos anos e dos séculos, seria quase impossível que os homens não mexessem com seu conteúdo de uma maneira ou de outra. O importante, nessa questão, não é colocar a Bíblia em xeque, mas entender que histórias como a dos evangelhos, que "levitaram" durante o Concílio de Niceia, são, com todas as chances, possíveis justificativas mistificadoras para se esconder uma participação humana.

A Bíblia é uma obra escrita e, como tal, esteve e estará sujeita a edições e alterações. Até aí, isso é normal. Quando falamos, por exemplo, das traduções que a obra sofreu, vimos os estilos comparados de algumas edições, observamos que palavras são adicionadas ou excluídas conforme avançamos no tempo, assim como a moda e os costumes variam. O que nos resta explicar, e o faremos neste capítulo, é mostrar as possibilidades e circunstâncias que levaram a essas alterações, já que não temos acesso aos textos dos Arquivos Secretos do Vaticano. Comecemos com uma opinião especializada.

No site Bíblia World Net, há um artigo, assinado por Jorge Pinheiro, que cita essa situação. Vejamos o que o autor nos diz:

> Há casos extremos de manipulação da Bíblia que são facilmente identificáveis. Os teólogos da prosperidade dizem, por exemplo, que o jumento que Jesus usou ao entrar em Jerusalém equivalia a um carro de luxo nos dias de hoje. Logo, os cristãos têm o direito de exigir de Deus carros de luxo. O resultado dessa teologia é a sacralização do modo de vida da cultura vigente.

Claro que tudo é uma questão de interpretação. Há pessoas que comparam Jesus a um político moderno, o que teria inspirado roteiristas de Hollywood a conceber um anticristo como o famoso Damien, da série *A Profecia*, transformado em político.

Comparar o jumento que Jesus montava com um carro de luxo não chega a ser um exemplo de manipulação dos textos, mas mostra claramente como a imagem dos episódios bíblicos chega às mentes modernas.

Imagine só o efeito que os textos oficiais e não oficiais faziam nas mentes dos primeiros cristãos. Era necessário arrumar a "casa". Entre os muçulmanos, também há acusações de alterações no conteúdo da Bíblia. Isso acontece há alguns anos, principalmente entre os comentadores mais antigos como Bukhari e al-Razi.

Todos eles afirmavam que, como a Bíblia é a Palavra de Deus, não poderia ser alterada sob nenhuma circunstância. Mesmo assim, alguns séculos teriam se passado antes que os muçulmanos começassem a acusar os cristãos de "corromper" a Bíblia, principalmente quando começaram a ler as histórias do Alcorão e notaram que, de fato, há detalhes que as diferenciam de suas versões bíblicas.

Vejamos rapidamente um exemplo. Na Sura 2,42, está escrito: "Confundir a verdade com a falsidade e conscientemente ocultar a verdade". Estas teriam sido as palavras do profeta Maomé quando dois judeus foram trazidos a seu julgamento por terem cometido adultério. Outros judeus quiseram testar seus conhecimentos para ver se realmente ele era um profeta de Deus. Se fosse, pensavam, saberia o conteúdo da Torá.

Maomé pediu que lhe trouxessem uma cópia da Escritura e a deu a um rapaz para que lesse qual seria a punição por desobediência (que aqui quer dizer adultério).

Segundo o que contam, o rapaz teria lido Levítico 20:10, que diz: "Se um homem comete adultério com a esposa de outro, ambos devem ser condenados à morte". Notem que é outra versão do seguinte verso: "Também o homem que adulterar com a mulher de outro, havendo adulterado com a mulher do seu próximo, certamente morrerá o adúltero e a adúltera".

Voltemos à história. Os acusados colocaram suas mãos sobre o versículo para impedir que o rapaz concluísse a leitura. Na mesma hora, houve um grito de horror e indignação por parte dos presentes quando constataram a maneira como o texto bíblico havia sido corrompido, ou seja, mudado para ser mais leve que o original.

Há outra história contada pelos muçulmanos, que diz que um grupo de judeus que estava em Meca, e, portanto, não a raça judia em geral, ao escutar a escritura, quiseram alterá-la. Não sabemos exatamente como eles o fariam, mas precisariam ter em suas mãos cópias dos originais para serem acusados de alterar o texto.

Há pesquisadores que acreditam que as versões originais desses textos estão nos Arquivos Secretos e que deveriam ser colocadas em aberto para o público. Um desses pesquisadores é o professor de religiões João Flávio Martinez, que coloca a questão em artigo publicado no site do Centro Apologético Cristão de Pesquisas. Lá lemos:

> Se a Bíblia foi corrompida, aconteceu isso antes ou após Maomé? Se antes, por que Deus diz a Maomé para recorrer a uma Escritura corrompida como guia, e por que fala do Torá e dos Evangelhos, "nos quais se encontram a orientação e a luz", em vez de avisar 'que os usou antes deles serem corrompidos?". Se depois, por que os muçulmanos não aceitam a Bíblia, já que as traduções correntes estão todas fundamentadas sobre os manuscritos datados antes de Maomé?

Seria esse um sinal de que a sabedoria muçulmana sobre a natureza bíblica é maior que a dos próprios cristãos? Essa é uma acusação séria e, se levarmos em conta alguns dos Manuscritos do Mar Morto, veremos que as alterações são possíveis, algumas até significativas. Aquelas cópias antigas trazem alguns dados reveladores sobre como essas manipulações poderiam ter ocorrido. Mas voltemos ao artigo do professor Martinez. Ele conclui seu pensamento da seguinte forma:

Se ela (a Bíblia) foi corrompida, quem a corrompeu foram os judeus ou os cristãos? Já que nenhum deles estava em condições de combinar um com o outro (diz a Sura 2:113: "Os judeus dizem que os Cristãos não seguem nada (verdadeiro) e os cristãos dizem que os judeus não seguem nada (verdadeiro), contudo ambos são leitores das Escrituras" (ver também Sura 5:82). Como puderam ambos concordar em alterar toda a Bíblia do mesmo modo? Por que não há registro desse acontecimento e por que ninguém se opôs a isso ou conservou as Escrituras autênticas? Os livros do Novo Testamento foram largamente distribuídos, logo que foram escritos, por exemplo: o Papiro 26 do Evangelho de Jesus escrito por Mateus, datado do ano 68 d.C., que foi recentemente encontrado no Egito: presumivelmente, Mateus ainda estava vivo quando foi escrito... Assim, por que ele não o corrigiu, se estava corrompido? Por que os Cristãos não retiraram os episódios vergonhosos como o de Pedro negando Jesus (Mt 26,69-75) ou a briga de Paulo com Barnabé (Atos 15,39)? De que serve o testemunho da Bíblia sobre si mesma? "Toda Escritura é inspiradas por Deus" (2 Tm 3,16). Pedro fala dos escritos de Paulo como Escrituras já que alguns maliciosos distorciam seus ensinamentos "como distorcem as outras Escrituras" (2Pd 3,16). "A Lei foi dada por Moisés" (Jó 1,17) e Jesus disse: "a Escritura não pode ser desprezada' (Jó 10,35). Suas palavras são "espírito e vida" (Jó 6,63) e Ele "tem palavras de vida eterna" (Jó 6,68). Como poderia algum Cristão ousar acrescentar ou remover porções das Escrituras diante da advertência de Apocalipse 22,18-19: "Se alguém acrescentar algo a elas, Deus lhe dará as pragas descritas nesse livro. E se alguém retirar palavras de seu livro de profecias, Deus o deixará fora da participação da árvore da vida e da cidade celeste..."?.

As alterações nos textos sagrados

Para muitas pessoas, admitir que a Bíblia seja um livro 100% humano é o mesmo que tirar delas uma prova tangível de que Deus existe. O assunto já levou a muitas discussões acadêmicas e religiosas e, até os dias de hoje, não se chegou a uma conclusão sobre se o fato de chamarmos a atenção para essas alterações teria algum papel significativo na crença de milhares de pessoas.

O historiador norte-americano Barth Ehrman, do Departamento de Estudos Religiosos da Universidade da Carolina do Norte, acusou muito dessa manipulação, na obra *O que Jesus disse? O que Jesus não disse?* Grande parte dessas acusações podem ser conferidas em artigo da revista *Galileu*, edição de outubro de 2006. O artigo, em suma, mostra como os copistas do Novo Testamento "eram voluntários que adaptavam o texto às suas crenças". Alguns dos trechos do citado livro incluem assuntos como a polêmica participação da mulher:

Há algumas comunidades cristãs que enfatizam a importância da mulher e lhes permitem desempenhar funções de destaque na Igreja e há outras que acreditam que as mulheres devem manter-se silenciosas e subservientes aos homens da comunidade. Obviamente, os copistas reproduziram os textos que, mais tarde, vieram a constituir as Escrituras estavam envolvidos nesses debates. E em algumas ocasiões os debates causaram impacto sobre os textos que eram copiados, dado que algumas passagens foram mudadas para refletir a posição dos copistas que as reproduziam.

O trecho abaixo é um dos mais polêmicos. Fala justamente sobre Jesus e sua adoração por Deus-Pai:

> Uma das ironias do cristianismo primitivo é que o próprio Jesus era um judeu que adorava o Deus judeu, mantinha costumes judeus, interpretava a lei judaica e recrutava discípulos judeus que o aceitavam como Messias judeu. Mesmo assim, poucas décadas depois da morte de Jesus, os seus seguidores formaram uma religião que se opôs ao judaísmo.

Entre as várias acusações feitas estão pontos intrigantes, como o fato de os copistas distorcerem o Novo Testamento para justificar dogmas da Igreja Católica; que "só Deus sabe o quanto o verbo foi modificado na Bíblia ao longo dos séculos"; a inserção de textos em diversas passagens bíblicas, como em I João 5:7, Macabeus 16:9-20 e 1:41.

Em busca da verdade

Outro autor que afirma, com todas as letras, que houve alterações na Bíblia é o escritor francês Robert Charroux. Em sua obra, *O livro dos mundos esquecidos*, já publicada no Brasil, ele dedicou um capítulo inteiro aos chamados "Segredos do Vaticano". Lá podemos ler algumas informações interessantes, que resumirei a seguir.

Charroux afirma que não há nenhum relato histórico que confirme a existência de Jesus. Essas provas estariam em atas governamentais emitidas por Pôncio Pilatos e enviadas ao imperador romano Tibério. Lá seria possível ler sobre o mais famoso condenado de todos os tempos, sua vida, morte, crimes a ele imputados, sua crucificação e ressurreição.

O problema é que ninguém sabe dizer onde estariam esses documentos. Charroux afirma que, se um dia existiram, seriam forjados pelos próprios cristão para legitimar sua religião. Ele também destaca que havia vários falsos relatórios escritos por Pilatos, mas que a Igreja não teria reconhecido a autenticidade de nenhum desses documentos.

A aparência física de Jesus é outro ponto que o autor levanta. Além de ressaltar que os evangelhos canônicos se contradizem uns aos outros, ressalta que os primeiros cristãos sabiam dessas discrepâncias e que esse teria sido o principal motivo pelo qual a leitura dos evangelhos permaneceu por muito tempo reservada apenas ao clero. Uma fonte interessante que Charroux cita é o depoimento do doutor Harvey Spencer Lewis no livro deste último, *A vida mística de Jesus*:

> Nós sabemos que os padres da Igreja primitiva tiveram acesso a documentos secretos porque, durante os Concílios da primitiva igreja cristã e durante as discussões que aconteceram entre as mais altas autoridades da Igreja primitiva, foram feitas alusões a certos lotes de manuscritos e de documentos oficiais que se referiam á crucificação e a outros acontecimentos da vida de Jesus, que agora estão escondidos ou que foram destruídos.

Seriam esses documentos cópias de apócrifos, ou ainda cópias como as encontradas em Qumram? Nenhuma fonte consultada para a redação deste livro parece saber responder a essa pergunta.

Outra figura bíblica cuja existência parece ser não comprovada historicamente é o apóstolo João, o suposto autor do quarto evangelho canônico. Sabe-se que ele se tornou bispo de Éfeso, mas muitos estudiosos admitem que o texto a ele atribuído possui características que o localizariam posteriormente e que teriam a participação de vários outros autores teólogos. Charroux cita também algumas passagens de escritos de São Jerônimo, um dos maiores doutores da Igreja dos primeiros séculos. Ele teria afirmado sobre os canônicos e apócrifos: "Somente quatro evangelhos podem ser admitidos. Todas as bobagens dos apócrifos só servem para serem contadas a hereges mortos e jamais a crentes vivos".

Os opositores de São Jerônimo, por sua vez, argumentam que são justamente os canônicos que trazem, em sua maioria, as contradições e os fatos opostos entre si. E que foi justamente para conseguir imprimir essa coesão entre os textos que a Igreja os teria modificado.

Um exemplo disso seria Taciano, um discípulo de São Justino, que teria tentado escrever um "Evangelho segundo os quatro", que mesclaria os dados de Mateus, Marcos, Lucas e João num único texto. Um exemplo de contradição pode ser vista na própria genealogia de Jesus, descrita pelos canônicos. Elas são diferentes entre si, o que levou Santo Agostinho a se pronunciar sobre o assunto, afirmando que "não era permitido dizer, e nem mesmo pensar, que qualquer um dos evangelistas mentiu". Porém, é o mesmo santo que afirmou que nesses casos contraditórios "precisa-se acreditar que eles são conciliantes, mesmos em saber como".

Charroux também aponta as contradições que podem ser encontradas no Evangelho de João. Como exemplo o autor afirma que, segundo João, o verdadeiro dia da crucificação não foi uma sexta-feira, mas um sábado, em plena vigília da Páscoa judia. Outra contradição estaria nas testemunhas da ressurreição: as duas Marias, a mãe de Jesus, e Maria Madalena, estariam presentes na ocasião segundo Mateus, mas Lucas e João afirmam que apenas Madalena estava lá.

Policarpo, bispo de Esmirna ordenado por João, o Evangelista, no ano 80 d.C., seria o mais confiável dos santos. Ele é autor de uma epístola sobre os escritos de Inácio Teóforo, o primeiro santo Inácio conhecido. São Policarpo cita e fala muito bem dos Evangelhos de Mateus, Marcos e Lucas, mas misteriosamente se cala quanto ao texto de João. Para piorar a situação, a primeira menção histórica desse texto aconteceu em um texto de Teófilo de Antióquia, datado do ano 180. Todos esses detalhes são material farto para especialistas em teorias de conspiração como Lynn Picknett, Clive Prince e o fiel discípulo deles, Dan Brown.

As revisões dos evangelhos

Charroux, ao mesmo tempo que expõe fatos, dá um nó na cabeça de quem lê seus livros. Um exemplo disso é uma citação a um obscuro escritor, de nome Kronos, autor de um livro chamado *Ensaio de meditações imateriais*. Ali há um relato que diz que os papas Gregório VII e Inocêncio III ordenaram editar um dos evangelhos para posterior uso dos sacerdotes.

Também é lembrado que a tradução de tais textos era proibida "pelo receio que pudesse surgir um erro simples ou um contrassenso", de acordo com o pesquisador, Fedele Pasquero em *O mundo da Bíblia*. Esse escritor, que se esconde sob o nome Kronos (que ninguém consultado para este trabalho soube dizer quem é), também afirma em seu trabalho que as alterações mais radicais feitas nas Escrituras datam justamente do Concílio de Niceia, e que teriam sido motivadas por acordos entre o papa Dâmaso I (305-384) e o então imperador Constantino.

Foi nessa época que os evangelhos mais antigos, em especial um apócrifo, o Evangelho dos Hebreus, que ficaria conhecido como uma versão primitiva do evangelho de Mateus, são declarados como não inspirados por Deus, e adições, subtrações e modificações são feitas nos quatro canônicos. Tudo a cargo de São Jerônimo.

Outras revisões terminariam por ser levadas a cabo pelo papa Anastácio II (496-498), no fim do século V, segundo relata São Vitor, bispo de

Tumona, na África. Segundo o santo, o papa teria mandado "examinar, criticar, expurgar e revisar" as Escrituras por completo. Depois disso, o imperador Carlos Magno (cerca de 747-814), teria feito uma nova revisão, seguido depois pelo papa Sisto V (1585-1590).

Estamos já nos referindo à época em que a prensa de Gutenberg ameaçou de excomunhão qualquer um que ousasse revisar os textos sagrados, mas o próprio Gutenberg teria modificado em seu trabalho mais de 200 passagens. Antes que a prensa entrasse em ação, foi feita mais uma revisão, dessa vez pelo papa Clemente VIII (1592-1605). Charroux afirma que a razão de tantas modificações é que a maioria dos dogmas estava em contradição com os livros sagrados, portanto era necessário reorganizar as escrituras para que elas concordassem com os atos da Igreja.

Correções e mudanças

Alfredo Lissoni diz em seus escritos que os teólogos modernos admitem que, com a ajuda de várias tecnologias, foi possível admitir a existência de cerca de 80 mil diferentes traduções da Bíblia com manipulações e modificações em pontos relevantes. E cita o *Codex Vaticanus*, considerado por especialistas como o melhor manuscrito grego do Novo Testamento e um dos mais antigos manuscritos da Bíblia, inclusive ligeiramente mais antigo que o *Codex Sinaiticus*, descoberto em 1859 e considerado um dos mais importantes manuscritos gregos para o criticismo textual, além da versão *Septuaginta*.

O *Codex Vaticanus* foi descoberto em 1844 no mosteiro de Santa Caterina, no Sinai. Hoje os especialistas apontam que, com a tecnologia moderna, foi possível identificar pelo menos 16 mil correções pertencentes a, no mínimo, sete revisores diferentes. Nessa confusão, não é possível saber se há um texto que tenha sobrevivido aos séculos sem nenhum tipo de mudança, proposital ou não. E a presença dos apócrifos, nos dias modernos, pode levar também a uma confusão total.

Esse assunto é, de fato, fascinante, pois imaginar que existem detalhes desconhecidos da vida de Jesus atrai a atenção das pessoas. Mas o que dizer de manuscritos parcialmente destruídos, como os do Mar Morto, e das informações que conseguiram colher dos fragmentos conservados?

Corre entre os acadêmicos a hipótese de que Jesus teria escapado da crucificação e fugido para a Índia. De fato, há pessoas, como Elena Bordogni, uma italiana que teria visitado a suposta tumba de Jesus entre os indianos, e que foi entrevistada por Lissoni. Além dela, há o depoimento do estudioso italiano Francesco Piccolo, que investigou o assunto e publicou um artigo em uma revista italiana na década de 1980. Em determinado trecho, faz a seguinte declaração:

> Nos restos de um livro sânscrito do ano 115, conservado no Instituto de Orientalismo da Universidade de Mumbai, existem claros sinais da presença de Cristo na região da Caxemira. Tratar-se-ia de uma segunda viagem, após a crucificação. Na página 282 é descrito o encontro entre o rei Shalewahin e um homem de pele clara que vestia hábitos brancos. O soberano de Caxemira lhe perguntou quem era. O desconhecido disse ser Jus Afa e que vinha de um país distante para purificar a região. O homem reiterou que o chamassem de Isa Maish – Jesus, o Messias.

Se esse relato traz ou não uma verdade, talvez nunca saibamos. O que levaria a Igreja a esconder um destino diferente para Jesus é uma pergunta que poucos podem responder. Mas a grande quantidade de apócrifos faz as pessoas pensarem o quanto os textos que estão na Bíblia foram realmente alterados.

Se isso atinge ou não a fé de cada um, é uma questão pessoal, que não cabe a ninguém responder. Apenas é difícil ignorar as evidências históricas em nome de uma fé cega.

Capítulo 8
A Torá: a Bíblia original

A Bíblia original, pelo menos no que diz respeito ao Antigo Testamento, é composta por partes antigas que possuem uma tradição própria. Por exemplo, a parte mais conhecida por aqueles que não pertencem à fé judaica é chamada de *Torah*, palavra grafada como Torá em forma aportuguesada e significa instrução, apontamento, lei. É composta pelos cinco primeiros livros bíblicos que, entre os cristãos, são conhecidos como Pentateuco, nome composto pelas palavras gregas *pente*, "cinco", e *teuxos*, "situação".

Textos do Antigo Testamento na Bíblia cristã	
Pentateuco	Gênesis (Gen, Gn), Êxodo (Ex), Levítico (Lev, Lv), Números (Num, Nm), Deuteronômio (Deut, Dt)
Livros históricos	Josué (Jos), Juízes (Juí, Jz), Rute (Rut), I Samuel (I Sam), II Samuel (II Sam), I Reis (I Re), II Reis (II Re), I Crônicas (I Cron), II Crônicas (II Cron), Esdras (Esd), Neemias (Ne), Tobias (Tob, Tb)*, Judite (Jdt)*, Ester (Est), I Macabeus (I Mac, I M)*, II Macabeus (II Mac, II M)*
Livros sapienciais	Jó (Jó), Salmos (Sal, Sl), Provérbios (Prov, Pr), Eclesiastes (Ecl, Ecle), Cântico dos Cânticos (Cant, Ct), Sabedoria (Sab)*, Eclesiástico (Ecli, Eclo)*
Livros proféticos	Isaías (Is), Jeremias (Jer, Jr), Lamentações (Lam), Baruc (Bar, Ba)*, Ezequiel (Ez), Daniel (Dan, Dn), Oseias (Os), Joel (Joel, Jl), Amós (Am), Obadias (Abd, Ab), Jonas (Jon, Jn), Miqueias (Miq, Mi), Naum (Na), Habacuque (Hab, Ha), Sofonias (Sof, So), Ageu (Ag), Zacarias (Zac, Za), Malaquias (Mal, Ml)

*Livros Deuterocanônicos

Muitos perguntam por que o Pentateuco, no caso, a Torá, recebe tanta atenção dos estudiosos nos últimos tempos. O motivo mais simples é que se trata dos textos mais antigos que compõem o Velho Testamento e justamente por causa disso, são mais dissecados. São também a base do judaísmo, onde são conhecidos como a Lei de Moisés, no original, *Torah Moshe*, תּוֹרַת־מֹשֶׁה.

Apesar de seu nome, a maioria dos especialistas concorda que Moisés não é o autor dos textos. O que conhecemos hoje seria uma compilação originária de um momento histórico posterior à época do famoso personagem. Assim, o termo Torá é muito usado entre os judeus para definir sua tradição, transmitida de três maneiras: a Torá escrita, a oral e os chamados ensinamentos rabínicos.

Algumas curiosidades merecem ser colocadas antes de seguirmos na nossa análise histórica. Por exemplo, é possível analisar o conteúdo da Torá segundo a Cabala, o sistema religioso filosófico que reivindica o discernimento da natureza divina. O problema maior, nesse caso, é discernir a verdadeira natureza do conteúdo desses livros. Vamos analisar declarações do diretor do The Kaballah Center Internacional, o norte-americano Rav Berg. Ele diz em artigo publicado na edição 16 da publicação *Visão Judaica*:

> Por tradição, descreve-se a Torá como constituída pelos Cinco Livros de Moisés, em que estão inscritas as leis fundamentais de conduta moral e física. Algumas pessoas não religiosas veem a Torá como um documento que registra a história, enquanto outros a veem como uma coletânea de histórias que falam da relação de D-us com o homem e da criação do mundo. Para o cabalista, todas essas descrições erram o alvo. Por exemplo, o eminente cabalista R. Shimon bar Yochai, o autor do Zôhar, dizia que em sua própria geração havia grandes escritores que seriam capazes de compor histórias bem mais interessantes do que os relatos que aparecem na Torá. E ainda por cima, ele classificou todos esses rabinos, estudiosos e filósofos que tomam a Torá literalmente como inteiramente tolos.

É uma análise no mínimo controversa. Seria a mesma coisa que um cristão afirmasse que os escritos de qualquer um dos evangelistas não passassem de uma história da carochinha.

Para os judeus, o conteúdo da Torá é sério, e de fato há muitos que o tomam literalmente, no melhor estilo ortodoxo. Quem conhece a obra sabe que algumas de suas melhores histórias, como a criação do mundo, o surgimento de Abraão, Jacó e até do próprio Moisés, estão justamente nessas passagens. Estariam elas erradas de acordo com os próprios judeus? Outro trecho do artigo de Rav Berg fala sobre concepções erradas sobre a moral. Vejamos suas palavras:

A Torá não é um rolo sagrado que tenta definir a moral e a ética adequadas pelos quais o ser humano deveria viver. Esta talvez seja uma das concepções mais equivocadas da religião um equívoco que contribuiu para 2000 anos de sofrimento, perseguição e apatia. A humanidade jamais passará por uma mudança duradoura e positiva enquanto conceitos vagos de moralidade e ética forem nossa motivação e recompensa pela bondade e pela decência. Esta pode ser uma causa nobre, mas é uma causa que por mais de dois mil anos vem fracassando em trazer-nos paz e unidade. De acordo com a Cabala, enunciados da Bíblia como não matarás ou não roubarás não estão na Torá para nos ensinar moralidade.

Até que ponto os relatos da Torá realmente representam a verdade, não sabemos. Há casos, como o do episódio do dilúvio, que aparecem em outras lendas de civilizações que nada têm a ver com os judeus. Se estes teriam absorvido o conhecimento de seus vizinhos e lhe dado uma roupagem própria é apenas objeto de especulação. Seja como for, a importância desses escritos para uma melhor compreensão da vida e do universo é inegável, sejam lendas, sejam narrativas reais.

As divisões e origens

As cinco partes que constituem a Torá recebem suas denominações de acordo com a primeira palavra de seu texto componente. Vejamos seus nomes judeus e o correspondente para os cristão.

Bereshit – o Gênesis. O primeiro livro da Bíblia narra a Criação do Mundo, o surgimento de Adão, Eva, Caim e Abel, o Dilúvio e o surgimento dos patriarcas Abraão, Isaac e Jacó. Prossegue até a fixação dos judeus no Egito, pouco depois do episódio de José.

Shemot – o Êxodo. É a narrativa da saída dos judeus do Egito, onde permaneceram por 400 anos como escravos e foram libertados por Moisés. A narrativa acompanha a vida do mais importante personagem do Antigo Testamento, desde seu nascimento e passa pelo seu ministério junto a seu povo, as dificuldades para manter a fé e o estabelecimento da Lei e a construção do Tabernáculo. É aqui que começa o relacionamento entre o povo escolhido e Deus, ou D-us, sem o uso do "e", uma forma usada pelos judeus até hoje para definir o Criador.

Vaicrá – o Levítico. Estabelecer uma ordem com um povo acostumado a ser escravo não é uma tarefa fácil, e Moisés sabe disso. Assim, ele teria organizado este livro, que é na verdade uma obra de fundo teocrático e legislativo. Nele podemos ler os procedimentos para o ritual dos sacrifícios, as normas que diferenciam o puro do impuro, a lei da santidade e o calendário religioso, entre outras normas e legislações. O judaísmo começa a tomar uma forma definitiva a partir daqui.

Bamidbar – os Números. Do ponto de vista histórico é o mais importante dos livros, uma vez que fornece detalhes vitais como a rota tomada pelos israelitas quando de sua peregrinação no deserto e uma relação de seus principais acampamentos. Basicamente possui três partes: a primeira fala sobre o recenseamento do povo no Sinai e os preparativos para retomar a marcha; a segunda relata a jornada feita a partir do Sinai até Moabe, o posterior envio dos espiões para observar o terreno apontado como a terra prometida, seus relatos e as oito lamentações que o povo fazia contra as dificuldades do caminho; e a terceira, que narra os eventos ocorridos na planície de Moabe, pouco antes da travessia do rio Jordão.

Devarim – o Deuteronômio. O último dos livros contém um registro dos discursos proferidos por Moisés ao povo, quando de sua peregrinação no deserto, durante o trajeto do Egito até a terra prometida. O conteúdo desses discursos contidos reforça a ideia de que servir a Deus não é apenas seguir Sua lei.

Alguns desses livros possuem a leitura mais agradável, principalmente os dois primeiros, pelo estilo narrativo. Os demais, pelo seu conteúdo teológico e administrativo, podem ser um tanto difíceis para quem não está acostumado com esse tipo de assunto.

A Torá tem, por tradição, suas cópias feitas em rolos e dentro de certas regras de composição. Esses exemplares são usados exclusivamente para fins litúrgicos e são conhecidos com o nome de *Sefer Torah*. As versões que são impressas são chamadas de *Chumash*. Isso nos leva especialmente a uma outra discussão, a predileta dos pesquisadores: a origem de tais escritos. A tradição judaica a firma, por exemplo, que a Torá existe "desde antes da criação do mundo e foi usada como um plano mestre do Criador para com o mundo, humanidade e principalmente com o povo judeu".

Para alguns, entretanto, essa suposta origem misteriosa é apenas uma lenda e afirmam que, efetivamente, os escritos só passaram a existir mesmo quando foram entregues aos judeus por Moisés quando ele voltou do Monte Sinai. Esses escritos seriam para o famoso personagem um artifício para ajudar a fornecer a seu povo um sentido mais concreto de uma nação, com suas tradições próprias e diferentes das da maioria dos outros povos.

Porém, a parte histórica questionou quanto à verdadeira autoria dos textos. Como já citamos, muitos pesquisadores discordam de certas tradições, que afirmam ser Moisés o autor dos textos. Há quem diga que a essência é mosaica, mas o texto é definitivamente feito por outras pessoas. Por que há tanta briga sobre essa origem?

Pelo fato de que, ao longo dos textos, há leis e fatos que são repetidos, e são registrados fatos que, cronologicamente, só aparecem depois da suposta época em que o livro teria sido escrito. Para muitos, e essa é a opinião predominante hoje em dia, a Torá seria o resultado da fusão e adaptação de várias tradições, ou seja, uma evolução da religião judaica. Analisar um texto tão antigo pode ser uma tarefa um tanto ingrata.

O alto teor do conteúdo religioso pode atrapalhar qualquer tipo de interpretação histórica, e o cruzamento dos dados fica arredio e escorregadio, o que pode levar o pesquisador a publicar estudos que podem conter muitas bobagens. Para piorar, qualquer referência aos escritos parte de comunidades judaicas, que insistem na abordagem pelo ponto de vista de suas próprias crenças religiosas. O seguinte trecho foi retirado da página na internet *Beit Chabad*, da comunidade judaica:

> O grande sucesso da tradição judaica é a transmissão meticulosa e precisa do texto da Torá. Como sabemos que a Torá que temos hoje é o mesmo texto outorgado no Monte Sinai? A Torá foi originalmente ditada por D-us a Moshê, letra por letra. O Midrash nos diz: "Antes de sua morte, Moshê escreveu treze rolos de Torá. Doze foram distribuídos a cada uma das Doze Tribos. O 13º foi colocado na Arca da Aliança juntamente com as tábuas". Como eram conferidos os novos rolos? Um autêntico "texto de prova" era sempre mantido no Templo Sagrado em Jerusalém, e os outros rolos podiam ser conferidos baseando-se nele. Após a destruição do Segundo Templo no ano 70 d.C., os sábios faziam conferências periódicas para eliminar qualquer falha.

Se a Torá é copiada a mão, como garantir que não tenha sofrido alterações, que podem ser involuntárias num processo humano? Vejamos o que a mesma página da internet tem a dizer sobre isso:

> Quantas letras há na Torá? São 304.805 letras e 79.976 palavras. O meticuloso processo de copiar um rolo à mão leva mais de duas mil horas (trabalho de tempo integral por um ano). Para eliminar qualquer chance de erro humano, o Talmud enumera mais de vinte fatores relevantes para que um rolo de Torá possa ser considerado *casher*, ou seja, apto.

Este é o sistema de segurança embutido na Torá. Se faltar algum destes fatores, ela não terá a santidade necessária nem poderá ser usada para leitura em público.

Os cuidados para a cópia da Torá seguem uma série de requisitos, segundo a tradição judaica. Vejamos quais são eles:

- Um rolo é desqualificado se mesmo uma única letra for adicionada.
- Um rolo é desqualificado se mesmo uma única letra é apagada.
- Um escriba deve ser um judeu erudito e devoto, que tenha passado por treino especial e certificação.
- Todos os materiais: pergaminho, tinta e pena devem estar de acordo com especificações estritas, e ser preparados especificamente com o objetivo de escrever um rolo de Torá.
- O escriba não pode escrever sequer uma letra em um rolo de Torá de cor. Ao contrário, ele deve ter um segundo rolo aberto à sua frente todo o tempo.
- O escriba deve pronunciar cada palavra em voz alta, antes de copiá-la do texto correto.
- Cada letra deve ter espaço suficiente ao seu redor. Se uma letra tocou outra em qualquer parte, todo o rolo está invalidado.
- Se uma única letra estiver tão danificada que não possa ser lida, ou se assemelhar à outra letra esteja o defeito na escrita ou seja devido a um furo, rasgo ou mancha, isso invalida todo o rolo.
- Cada letra deve ser suficientemente legível, de forma que uma criança em idade escolar possa distingui-la de outras letras similares.
- O escriba deve colocar espaços precisos entre as palavras, de forma a que uma palavra não pareça ser duas palavras, ou duas palavras pareçam ser uma só.
- O escriba não pode alterar o formato das seções, e deve manter-se dentro do tamanho das linhas e configurações de parágrafos.
- Um rolo de Torá, no qual qualquer erro tenha sido encontrado, não pode ser usado, e deve ser consertado dentro de 30 dias, ou enterrado.

Com tanto cuidado tomado em uma simples cópia, sistematizar esse texto deveria ser uma tarefa simples. Porém, a prática mostrou que não é. Tanto é que a primeira tentativa para sistematizar tais textos surgiu com o médico e teólogo francês Jean Astruc (1684-1766), que era um católico, filho de protestantes. Ele foi o primeiro a apresentar a teoria de que a Torá era composta por três fontes principais que resultaram na fusão das ideias e das narrativas, conhecidas como jeovista, eloísta e código sacerdotal.

Seus estudos também mostraram que havia outras fontes além destas, mas de menor influência na composição. A justificativa para essas inserções reside no fato de que qualquer um que estude a história dos antigos judeus verá que não havia uma única doutrina em voga, e que até os dias de Josias, 16º rei de Judá que reinou entre 640 e 609 a.C., desconhecia-se a existência de leis por escrito. Apenas na época em que houve a divisão do reino em Israel e Judá apareceriam as fontes jeovista e eloísta em sua plena forma, nem como a versão do Pentateuco Samaritano, que já citamos neste trabalho. O próprio livro do Deuteronômio só surgiria na época de Josias.

A Torá, como a conhecemos hoje, só assumiria a forma definitiva nos tempos de Esdras, o escriba que foi copista da lei mosaica, que liderou o segundo grupo de judeus quando de sua saída do cativeiro babilônico em 457 a.C.

Nessa época, as tradições que comporiam a Torá, já se encontravam plenamente fundidas, começam algumas práticas até então desconhecidas dos antigos judeus e levadas a sério na época do Segundo Templo, entre 515 a.C. e 70 d.C., como a Brit milá, cerimônia religiosa na qual prepúcio dos recém-nascidos é cortado ao oitavo dia, como símbolo da aliança entre Deus e o povo de Israel, e a Pessach, a Páscoa judaica, festa que celebra e recorda a libertação do judeus do Egito.

Se conseguir organizar os escritos é difícil, imagine-se quando a ciência moderna resolve mostrar que nem tudo o que está na Torá é cem por cento correto. Um exemplo disso é uma entrevista publicada pela revista *Época* com a jornalista científica americana Ann Gibbons, que frequentou um curso sobre a evolução humana na Universidade de Harvard. Conhecida por toda a comunidade científica por "traduzir as complicadas minúcias das teorias evolucionistas numa linguagem fácil de entender", segundo a reportagem da revista, ela respondeu perguntas enviadas pelos leitores da revista.

Uma delas perguntava justamente sobre a afirmação da Bíblia, presente na Torá, sobre a origem da humanidade ser em algum lugar do território da Mesopotâmia, onde muitos estudiosos apontaram a localização do Jardim do Éden. Vamos ver qual foi a resposta da jornalista:

> Os primeiros capítulos da evolução humana, ou, se você preferir, a verdadeira gênese, aconteceram na África. Os fósseis de ancestrais

humanos que viveram entre 2 milhões e s 6 milhões de anos atrás são encontrados exclusivamente no continente africano. Há evidências de que o berço da civilização, este sim, é o Oriente Médio. Não podemos igualar as duas coisas. O Velho Testamento diz que os humanos foram criados nos últimos 6 mil anos. Mas as evidências dos fósseis e dos estudos genéticos revelam que os humanos evoluíram durante os últimos 5 milhões a 7 milhões de anos. O Velho Testamento é válido como registro histórico, traz uma memória de eventos importantes. Isso não significa que devemos aceitá-lo como evidência científica.

A Torá oral

Para completar as explicações sobre a Torá é necessário ter em mente o que diferencia a parte oral da escrita. Afinal, para quem não conhece o material, parece ser tudo a mesma coisa. Porém, as aparências enganam. A página do *Beit Chabad* afirma que a Torá:

> É um guia de vida que estudada nos leva a uma compreensão ímpar do verdadeiro papel do homem no mundo. Contém 613 mandamentos, dos quais 248 são positivos ("o que farás") e 365 são negativos ("o que não farás"). Estes preceitos ligam o povo judeu a D'us e a seu semelhante, ao real objetivo de nossas vidas no mundo material e nossa conexão permanente com o mundo espiritual, onde um não se desvincula do outro.

Com esse preceito em mente, é mesmo possível estudar esses textos pelo ponto de vista histórico? Ao longo dos anos, muitos pesquisadores esbarraram nas incoerências que os episódios lá contidos apresentam. O fato de indicar a origem da humanidade como sendo na Babilônia, como exemplificou a jornalista Ann Gibbons, é apenas um exemplo.

Outras tentativas de seguir a Torá ao pé da letra para descobrir, por exemplo, o verdadeiro lugar onde estão as cidades condenadas de Sodoma e Gomorra foram feitas com resultados diversos e tão duvidosos quanto uma busca à lendária Atlântida. Se tomarmos a Torá escrita como uma obra somente religiosa, começa a fazer um sentido mais claro.

O fato é que a tradição judaica indica que a Torá teria sido reescrita em conjunto com a Torá oral, já citada. Mas o que seria a parte falada da obra? Trata-se, por definição, de uma série de especificações sobre como os mandamentos contidos na parte escrita, devem ser cumpridos. Esses conhecimentos orais não são registrados até hoje e passam de pai para filho por um período estimado em pelo menos três mil anos.

Apenas por volta do ano 200 d.C. é que foram compiladas e se tornaram o Talmud e o Midrash, dos quais falaremos a seguir. Diz a tradição rabínica que "não é possível pronunciar a Torá escrita sem antes ouvir a Torá oral".

Vejamos o que é cada um desses novos escritos, tão essenciais para os judeus quanto a própria Torá escrita. O *Talmud*, grafado também como Talmude, é uma compilação, que data de 499 a.C. É composta por leis e tradições judaicas reunidas em 63 tratados de assuntos legais, éticos e históricos.

O *Talmud* possui, assim, o detalhamento das tradições judaicas compiladas a partir do Torá escrito. Já o *Midrash*, cuja palavra significa em hebraico "interpretação", é definida como uma forma narrativa criada por volta do século I a.C., na Palestina, pelos judeus. Essa forma narrativa se desenvolveu como o *Talmud* até ser registrada por escrito pela primeira vez em 500 d.C. no livro conhecido como *Midrash Rabbah*.

O conhecimento transmitido por Deus a Moisés, e depois por este a seu povo, é a verdadeira tradição oral que deveria ser utilizada em conjunto com a parte escrita. Difícil de entender? Muito da tradição dos judeus ainda é complicado para quem não pertence à sua religião. Basta visualizar que a Torá escrita é complementada pelas explicações orais.

Mas nem todos os judeus aceitam essa tradição oral: os judeus caraítas e samaritanos, que são originários da Síria e da Palestina, recusam Torá oral e aceitam apenas a Torá escrita como revelação divina. Os cristãos também não aceitam a Torá oral, apesar da existência de muitas tradições cristãs baseadas na Torá oral do tempo de Cristo.

Hoje em dia, é considerada a seguinte divisão da Torá oral:

- *Halakhá le-Mochê mi-Sinai*: Leis especiais que não têm lembrança nos escritos, nem na Torá e nem nos profetas.
- *Divre Chemu'a*: Ouvidos no Sinai diretamente por Moisés e que não estando escritas na Torá.
- *Divrê Qabalá*: Recebidas por Moisés e que aludem aos escritos dos profetas.
- *Dinim Muflaim*: Observações originárias do Sanedrin, ou Sinédrio, assembleia de 23 juízes que, segundo a Torá, deve existir em cada cidade.
- *Taqanôt, gezerôt e minhagôt*: Definidos como "decretos de diferentes classes".

Capítulo 9
O código da Bíblia

O Vaticano sempre se manifestou contra certas pesquisas modernas, de uma maneira que reflete muito de seu pensamento na época da Inquisição, quando se intrometia em vários assuntos, incluindo nas teorias de filósofos e astrônomos como Galileu Galilei e Giordano Bruno (1548-1600).

Também se mantém de olho nas pesquisas acadêmicas que falam sobre descobertas em ruínas arqueológicas que remontam à era bíblica e em qualquer trabalho que mexa com o texto sagrado contido na Bíblia.

O fato mais polêmico surgiu quando da publicação de um trabalho do jornalista norte-americano Michael Drosnin, autor de três livros que falam sobre o polêmico Código da Bíblia, que seria um antigo código inserido nos cinco primeiros textos da Bíblia capaz de predizer o futuro com incrível exatidão.

Os padres do Vaticano se mostraram reticentes em admitir que haveria algo na Bíblia cuja existência eles próprios desconheceriam. A coisa se aprofundou quando os resultados das pesquisas começaram a ganhar o gosto popular por ocasião da publicação dos livros escritos por Drosnin, já lançados no Brasil.

E os boatos sobre as movimentações que supostamente o Vaticano estaria fazendo para evitar a publicidade em cima do tema, com a ajuda dos arquivistas e outros profissionais que trabalham diretamente com os Arquivos Secretos, começaram a se espalhar por todas as páginas da internet dedicadas ao assunto, até mesmo em sites sérios que se dedicam a estudar a Bíblia e a Torá judaica.

Prever o futuro é algo discutido por religiosos e cientistas há séculos. Infelizmente, nos dias de hoje, ninguém chegou a uma conclusão certeira de que isso pode ser feito. E o divulgador do Código da Bíblia vai na contramão total da corrente do pensamento.

Essa descoberta foi transformada em *best-seller* pela primeira vez em 1997, quando o ex-repórter dos jornais *Washington Post* e *Wall Street Journal* lançou o primeiro volume em que discorria sobre as consequências de alterar, ou pelo menos tentar alterar, o curso do que estava codificado no texto da Bíblia.

Motivo de estudo intenso e refutação por parte de matemáticos e estudiosos, o tal código provou ser uma mistura de farsa e seriedade, e deixou muita gente sem poder emitir uma palavra final sobre o assunto. Enquanto isso, há cientistas que usam o mesmo método para encontrar palavras em outros livros com textos extensos.

Sequência alfabética equidistante

Há analistas da Agência Nacional de Segurança (NSA) americana e professores respeitados de matemática que afirmam ser verdadeira a existência de tal "Sequência Alfabética Equidistante", como o código é conhecido no meio acadêmico.

Acreditando ou não, o fato é que o estudo feito originalmente pelo matemático israelense Eliyahu Rips, que publicou juntamente com outros dois colaboradores, Doron Witztum e Yoav Rosenberg, um artigo chamado "Sequências Alfabéticas Equidistantes no Livro de Gênesis" na conceituada revista *Statistical Science*, (volume 9, número 3, de agosto de 1994).

Para o leitor entender melhor o que seriam essas sequências, imagine-se um texto comum na aparência em que palavras completas se formem a cada intervalo. A base para a existência do Código da Bíblia é construída sob algumas afirmações: O fato de o texto original estar escrito em hebraico e ter sido cuidadosamente preservado ao longo dos séculos por monges e rabinos, cuja única função era guardá-los em segurança.

O texto original não possui pontuação ou espaços entre as palavras. Um computador pode mostrar a texto inteiro como um quebra-cabeça gigantesco, no qual as palavras se manifestam em várias direções. As datas codificadas podem estar de acordo com o calendário hebreu, mas podem ser convertidas para o nosso calendário com clareza.

As pesquisas

Claro que todos sabem que, com o passar dos anos, as traduções podem, por um ou outro motivo, alterar o conteúdo de um texto. Mas essas sequências poderiam ser encontradas mesmo nas versões mais antigas da Bíblia? Sabemos que há alguns exemplares dessas versões espalhados pelo mundo, mas, por serem muito antigos, tornam-se de difícil acesso até para os pesquisadores.

Entre os exemplares conhecidos estão dois: um deles, claro, nos Arquivos Secretos, identificado como código Vaticano B-03, e no Museu Britânico, código Sinaítico S-01. E, ainda segundo os conspirólogos, o Vaticano não quer que se descubra algo como uma mensagem de Deus indicando que os padres da Igreja são uma fraude ou algo assim.

Conspirações (e pirações) à parte, o fato é que os pesquisadores do Código da Bíblia descobriram citações retiradas dessas combinações que tocam diretamente com a política moderna. E justamente em assuntos considerados polêmicos pela direção da Igreja Católica.

Uma pesquisa no código é simples. Primeiro pegamos o texto original, ou seja, em hebraico, dos cinco primeiros livros da Bíblia (Gênesis, Êxodo, Levítico, Números e Deuteronômio) cuja autoria é atribuída a Moisés. Tiram-se os títulos e subtítulos que se encontram no caminho até restarem as palavras do texto em si. Depois tiram-se os espaços. Resta então um fluxo contínuo de letras que formam um conjunto de 304.805 letras.

Essa, segundo Drosnin, seria a forma original da Torá, do termo *Torah Moshe* ou Lei de Moisés, como ficou conhecido esse grupo de textos entre os judeus. Essas "palavras contínuas, sem quebras" seriam a forma original como os textos foram recebidos por Moisés quando estava no Monte Sinai e ao fazê-lo estaríamos restaurando essa forma e entrando, assim, em contato direto com Deus. Depois se escolhe uma letra de ponto de partida e salta-se um determinado número de espaços até a próxima letra e assim por diante até conseguir encontrar palavras e frases ocultas. Esse salto vai de 1,2 ou 3 letras até alguns muitos milhares, uma tarefa que, obviamente, seria impossível sem a invenção de um computador.

Após a descoberta da palavra-chave, geralmente o termo requisitado para pesquisa, o computador passa a procurar informações correlacionadas. Assim, nomes como o do primeiro-ministro israelense Yitzhak Rabin, do presidente do Iraque Saddam Hussein e até do presidente americano John Kennedy aparecem nessas matrizes em diversas ordens, na horizontal, na vertical ou na diagonal, num verdadeiro jogo de palavras cruzadas. O programa usado pelo professor Rips classifica as combinações usando basicamente dois testes: quão próximas estão as palavras umas das outras, e se os saltos que soletram a busca são os mais curtos.

A pesquisa automática

Foi assim que Drosnin teria encontrado o nome de Yitzhak Rabin cruzado com a expressão "assassino que assassinará". O nome do primeiro-ministro assassinado em 4 de novembro de 1995, apareceu uma única vez na matriz dentro de uma sequência de saltos de 4.772 espaços. Para obter esse resultado, o programa de computador dividiu o fluxo das 304.805 letras em 64 fileiras de 4.772 letras.

Para se entender melhor, se o nome de Rabin fosse encontrado quando o computador estivesse com dez saltos de intervalo, então cada fileira teria exatas dez letras de comprimento. Se fosse com 100, teria 100 letras. Assim, cada matriz tem seu comprimento variado de acordo com o número de saltos onde o termo pesquisado é encontrado.

Drosnin narra no primeiro livro da série, que voou até Israel e chegou a falar com Rabin para alertá-lo de que o código havia previsto seu assassinato há três mil anos, um período em que se acredita que os livros da Bíblia foram escritos. Rabin, apresentado por um amigo pessoal que recebeu uma carta de Drosnin avisando do que poderia acontecer, definiu: "Rabin não acreditará em você. Ele não é de modo algum um místico. E é um fatalista".

Um detalhe que incomoda na pesquisa do jornalista americano é o fato de que, mesmo após seu fracasso em convencer o primeiro-ministro israelense de que corria perigo; continuar suas pesquisas com o professor Rips e encontrar várias "profecias", incluindo a do choque de um cometa com o planeta Júpiter, em julho de 1994. Porém, até onde se sabe, apenas profecias ligadas a israelenses e americanos são relacionadas em sua obra.

Quando, por exemplo, aparecem nomes de outras nações são apenas como complemento de fatos de âmbito mundial, como a tríade Stalin-Churchill-Roosevelt na Segunda Guerra Mundial, ou o nome de Hitler relacionado aos termos "homem mau" e "nazista e inimigo", todos mais relacionados com os israelenses do que com o resto do mundo.

Drosnin fala da existência do código ser uma maneira de se ter uma prova científica de que Deus existe. Ateu declarado, o jornalista insiste em dizer que acredita numa inteligência superior, capaz de enxergar três mil anos no futuro e codificar o que descobriu na Bíblia, mas também crê que, se o autor do Código fosse mesmo Deus, Ele não iria deixar avisos sobre perigos, e sim trataria de evitá-los. "Alguém ocultou um sinal de alerta na Bíblia", diz ele, "a informação que precisamos para impedir a destruição deste mundo".

O mentor do código

Tanto as partes acadêmicas quanto as religiosas sempre debateram quase à exaustão qual seria a origem do Antigo Testamento. Enquanto a primeira parte afirma que a Torá foi escrita por várias mãos ao longo de centenas de anos, a segunda parte insiste em dizer que Moisés foi seu autor e que os cinco livros são os mesmos daquela época, letra a letra. Tanto que se faltar uma única letra hebraica numa cópia, esta será inutilizada.

O fato de esses mesmos textos estarem presentes na Coleção dos Pergaminhos do Mar Morto é um sinal de que possuem, pelo menos, dois mil anos de idade, o que os tornaria algumas das obras mais antigas do Mundo.

Hoje se sabe que um rabino espanhol do século XIII, chamado Bachya ben Asher, foi historicamente o primeiro a descrever a existências das tais Sequências Alfabéticas Equidistantes na Bíblia. Assim, eram obtidas interpretações estranhas e bizarras por meio do sistema matemático criado para decifrar esses códigos.

No Egito, a igreja da cidade de Alexandria admitia a interpretação simbólica e alegórica do Antigo Testamento. Isso numa época em que nomes como Orígenes (186-255) e seu professor Clemente (150-215) dominavam o pensamento da catequese. Um testemunho do historiador cristão Earle E. Ceírns fala sobre essa época:

> Os membros da escola Alexandrina estavam ansiosos por desenvolver um sistema teológico a partir do uso da filosofia que, segundo eles, era capaz de permitir uma exposição sistemática do cristianismo. Educados na literatura e nas filosofias clássicas, pensaram que poderiam usá-las na formulação da teologia cristã.

Esses sábios optaram por desenvolver um sistema alegórico de interpretação do Antigo Testamento e praticamente ignoraram o que se sabia sobre as circunstâncias históricas ou gramaticais de tais textos. O seu ponto de partida era baseado na crença de que a Bíblia teria mais de um sentido.

Assim, acreditavam, conforme relatado por Drosnin, que havia "um sentido literal e histórico que correspondia ao corpo humano, um sentido moral oculto que correspondia à alma e um sentido espiritual subjacente e mais profundo que só os cristãos mais adiantados poderiam compreender".

A técnica para a interpretação veio do judeu alexandrino Filo, que pertencia a uma escola de pensamento que tinha por objetivo aproximar o judaísmo da filosofia grega, a fim de poder encontrar os sentidos ocultos do Antigo Testamento. Assim, a interpretação de tais textos era aberta a debates e versões as mais estranhas possíveis. Por exemplo, ao interpretar o texto apócrifo conhecido como Pseudo-Barnabé, chegaram à seguinte conclusão:

> Ele alegoriza os 318 servos de Abraão (9:8), ao se referir à morte de Cristo na cruz, na base de que a letra grega para 300 tem a forma de cruz e que os numerais gregos para 18 são as duas primeiras letras do nome de Jesus. Ele se mostra orgulhoso desta singular interpretação de Gênesis 14:14. Ele vai constantemente da tipologia legítima para a alegoria, a fim de fundamentar o significado que quer dar aos textos do Antigo Testamento.

Nos séculos seguintes, havia alguns indícios de que a técnica era conhecida, porém poucos exemplos foram encontrados antes da metade do século XX. Alguns foram encontrados pelo rabino Michael Ber Weissmandl, da Eslováquia, e publicados por seus estudantes após sua morte, em 1957.

Apesar disso, poucos sabiam dessa prática até o começo dos anos 1980, quando um professor israelense chamado Avraham Oren chamou a atenção daquele que seria o mentor do código, o professor e matemático Eliyahu Rips, da Universidade Hebraica de Jerusalém.

Rips já era conhecido por suas pesquisas com álgebra quando conheceu um pouco mais sobre o Código. Ele nasceu em Israel, mas cresceu na Letônia quando esta ainda era parte da antiga União Soviética. Foi o primeiro estudante de lá a participar da Olimpíada Internacional de Matemática.

Em 1968, envolveu-se em um protesto contra a invasão soviética da Tchecoslováquia e, por causa disso, foi preso, passou os dois anos seguintes como prisioneiro político e só conseguiria emigrar para Israel graças à intervenção da Associação Matemática Americana, que o libertou.

Depois de terminar seu mestrado, Rips entrou para o Departamento de Matemática da Universidade Hebraica de Jerusalém e recebeu o prêmio Erdős da Sociedade Matemática de Israel, em 1979. Foi também orador no Congresso Internacional de Matemática, em 1994, o mesmo ano em que o famoso ensaio do Código, publicado em conjunto com seus colaboradores Doron Witztum e Yoav Rosenberg, conheceu o mundo.

Curiosamente, o contato com Drosnin ocorreu cinco anos antes do lançamento do primeiro livro, em 1992, quando o jornalista voou para Israel para discutir a situação caótica daquela nação, na guerra contra seus vizinhos árabes. Conta ele que, quando saía do quartel-general do Serviço de Informações, foi abordado por um "jovem oficial meu conhecido" cujo nome momento algum é revelado.

Foi esse oficial que lhe contou pela primeira vez que Rips havia descoberto, com três semanas de antecedência, a data exata do começo da Guerra do Golfo, ocorrida um ano antes. O primeiro encontro entre Drosnin e Rips foi marcado pela insistência do matemático de que o Código não só existia como também confirmava antigas pistas de sua existência. Para tanto, chegou a citar insistentemente um sábio judeu do século XVIII, conhecido como Genius de Vilna, que teria dito:

> A regra é que tudo o que foi, tudo o que é e tudo o que será, até o fim dos tempos, está incluído na Torá da primeira à última palavra. E não só num sentido geral, mas nos detalhes de cada espécie e de cada um individualmente, com detalhe dos detalhes de tudo o que lhe aconteceu desde o dia de seu nascimento até sua morte.

Sabemos que Rips ouvira falar de um rabino da Tchecoslováquia, na época da Segunda Guerra Mundial, chamado H. M. Weissmandel. Esse religioso teria realizado uma pesquisa nos cinco primeiros livros da Bíblia e partiu da contagem das letras hebraicas. Logo no primeiro capítulo do Gênesis, percebeu que a cada 50 letras de texto hebraico era soletrada a palavra "torá".

Repetiu o procedimento nos demais livros e, qual não foi seu espanto, viu a mesma palavra também formada. Assim, Weissmandel escreveu um pequeno livro e relatou nele sua experiência. Esse foi o pontapé inicial da grande aventura de Rips, que conseguiu localizar uma cópia desse relato na Biblioteca Nacional de Israel.

Intrigado, iniciou sua própria pesquisa e começou a colher seus resultados, que originariam o ensaio publicado na revista *Statistical Science*. O próximo passo foi montar o programa que faria com que o computador encontrasse essas mensagens codificadas.

Com isso, foi criado o modelo matemático para análise de sequências alfabéticas equidistantes, e mensagens ocultas foram descobertas em todo o Antigo Testamento. A experiência mais significativa, entretanto, aconteceu quando Rips e sua equipe usaram 32 nomes de uma lista de sábios judeus de destaque que foi encontrada em uma publicação hebraica.

Um único processamento, e a surpresa foi geral: todos os 32 nomes estavam na matriz feita com a Torá, bem como as datas de seu nascimento e morte, devidamente registradas de acordo com a contagem do tempo dos judeus. O próprio Rips chegou a comentar, mais tarde, que a probabilidade de encontrar essa lista codificada era de 1 em 10 milhões, acima da utilizada na estatística.

Quando Drosnin entrou em cena, era o lado cético da pesquisa. Até então, quase todos os envolvidos estavam convictos de que isso era uma espécie de Bíblia dentro da Bíblia e que o código seria uma espécie de revelação em duas partes, já citada no Livro de Daniel, uma que seria o texto aberto, o conteúdo bíblico como o conhecemos e lemos normalmente; o outro, o conhecimento oculto pelo Código, à espera da oportunidade certa para ser decifrado.

O resultado de probabilidades

O que mais fascinou a Drosnin é que tudo o que encontrou em seus cinco anos de pesquisa com o Código realmente aconteceu. Ele próprio alerta, entretanto, que nem tudo é tão passível de ser um acontecimento consumado. Assim, o que se encontra oculto na Bíblia não é uma bola de cristal para se enxergar eventos imutáveis, mas sim uma lista de possíveis futuros, que são determinados de acordo com os atos que tomamos. Foi assim com Rabin e outro primeiro-ministro, Benjamin Netanyahu, eleito em 1996. Ambos foram avisados por Drosnin e ficaram sabendo que seus nomes estavam codificados.

Porém, ambos tomaram a decisão de ignorar o aviso. Muitos outros pesquisadores resolveram experimentar o programa de computador desenvolvido para a pesquisa do Código, que resultou em muitas outras "profecias" colecionáveis em páginas da internet, incluindo uma que previa a reeleição de Lula no Brasil. Não demorou muito para surgirem os que contestavam o Código e que experimentaram o mesmo programa em outros textos longos.

Como resultado Drosnin foi acusado de charlatanismo e de explorador de má-fé, que abusava da ingenuidade das pessoas. Os detratores dessa estranha descoberta refutam dizendo que é impossível termos tão atuais quanto "scuds", "aviões" e "Al Qaeda" estarem registrados num texto de três mil anos. E é o que leva muita gente e duvidar da autenticidade do Código.

Vejamos a seguir uma pequena lista dos fatos encontrados codificados na Bíblia:

- Datas de terremotos já ocorridos, por exemplo, o da China, ocorrido em 1976, e outros que ainda estariam para ocorrer até 2010, em Los Angeles, no Japão e novamente China.
- O choque do cometa conhecido como Shoemaker-Levy 9 com o planeta Júpiter em 1994 e outros que podem ocorrer sob as mesmas circunstâncias na Terra nos anos 2006, 2010 e 2012.

- Dois holocaustos atômicos: o primeiro ocorrido no Japão, em 1945 e o segundo que aconteceria em Jerusalém, em 2006. Essa "profecia" vem com o termo "o código salvará" logo em seguida, o que pode ser interpretado como uma salvação para a cidade, mas com o restante da nação israelense destruída.
- A Revolução Comunista na Rússia em 1917.
- A descoberta do avião pelos Irmãos Wright, aparentemente Deus não levou em conta a reivindicação brasileira da invenção por Santos Dumont.
- O assassinato do presidente egípcio Anuar Sadat em um desfile militar e o nome de seu assassino Chaled.
- Uma luta racial americana que aconteceria em 1861 e 2005. Esta última versão foi interpretada como o repúdio aos muçulmanos americanos.
- Possível epidemia de varíola em 2005, que muitos acreditam ser um alerta para o surgimento da gripe aviária.
- Uma suposta blasfêmia religiosa que acontecerá no Monte Moriá, a colina onde esteve o famoso Templo de Salomão, em Jerusalém, em 2008.
- O nome da Síria codificado com outros termos suspeitos como "Guerra Mundial" e "Magogue", uma das nações, ou seres sobrenaturais, para alguns, envolvidas na batalha de Armagedon prevista pelo Apocalipse. Para alguns também seria um sinal de que as armas da ex-União Soviética continuam a circular entre terroristas e que podem ainda dar início à Terceira Guerra Mundial. O próprio Pentágono americano teria pedido uma pesquisa no Código para receber orientações sobre a captura de Saddam Hussein em 2003. O rumor não foi confirmado até hoje.

Vemos que conseguir bons resultados com o código, assim como com todos os tipos de textos cifrados e com profecias, depende do grau de conhecimento e da fé de quem está no comando da pesquisa. Drosnin cita, em seu primeiro livro, uma máxima de Albert Einstein, de 1955, que diz: "A distinção entre passado, presente e futuro é apenas uma ilusão, embora persistente".

Para muitos, o trecho acima poderia se referir mais a uma viagem no tempo do que a uma capacidade de prever o futuro com exatidão. Porém, isso não assusta o jornalista divulgador do Código. E em outro trecho, ele acrescenta com suas próprias palavras: "Sou um repórter, não um adivinho". Seria, afinal, a Bíblia, um canal de contato direto com Deus? Seria esse o verdadeiro motivo pelo qual o texto é considerado sagrado?

O Código da Bíblia seria uma espécie de senha para estabelecer a ligação e descobrir o que está para acontecer? Entre a comunidade acadêmica dedicada a assuntos como arqueologia e história bíblica, há nomes sérios o bastante que acreditam piamente, embora não haja provas de que os Arquivos Secretos do Vaticano tenham, em seu vasto acervo, provas mais contundentes da existência dessas e de outras profecias e que até mesmo alguns papas, embora seus nomes não sejam citados, sabiam que esses fatos estavam para acontecer.

Basta lembrar do suposto Livro Perdido de Nostradamus, cujo nome oficial é *Nostradamus Vatinicia Codex*, que foi encontrado recentemente em uma biblioteca de Roma e que estava endereçado a ninguém menos que o papa Urbano VIII. Apesar de não sabermos como o livro foi parar numa biblioteca fora dos Arquivos Secretos.

Capítulo 10
Gematria: o código oculto da Bíblia

A descoberta do doutor Rips foi, na verdade, o fim de uma longa cadeia de investigações que os religiosos judeus realizam há anos, para não dizer há séculos. O jornalista Michael Drosnin cita, em seus livros, um dos cientistas mais importantes de todos os tempos e que, segundo ele, se dedicou a encontrar o Código da Bíblia: Sir Isaac Newton, o descobridor da lei da gravidade e, segundo especulações, grão-mestre do Priorado de Sião.

Newton acreditava piamente no significado oculto dos textos da Torá e de outros no Velho Testamento. O homem que descobriu a mecânica do nosso sistema solar teria aprendido hebraico e passado metade de sua vida em busca do desvendamento dos segredos bíblicos.

Seu biógrafo, o economista John Maynard Keynes, diz que essa tarefa se tornou uma verdadeira obsessão para o cientista, a ponto de guardar milhares de páginas manuscritas trancadas em um cofre que seria descoberto por Keynes 300 anos depois.

O conteúdo dessas páginas revela mais de um milhão de palavras em notas, sobre civilizações desaparecidas e o apocalipse. Ao que parece, Newton acreditava que o texto bíblico era parte de um "criptograma criado pelo Todo-Poderoso" ou, nas palavras de Drosnin, "um enigma feito por Deus para ser decifrado por nós". E, é claro, esse enigma seria o Código da Bíblia.

O que o jornalista norte-americano se esquece de dizer e de apresentar com mais detalhes são as antigas tradições judaicas que se dedicaram a vasculhar os textos do Velho Testamento, em busca de mensagens e significados ocultos. Ninguém precisa ser um especialista no assunto para saber que essa prática não é novidade.

Um exemplo disso é a própria Cabala, definida como um sistema filosófico-religioso que investiga a natureza divina. Milhares de livros dos mais diversos autores já foram escritos sobre o assunto com base no Zohar (definido como uma espécie de discussão mística sobre a natureza de Deus e considerações sobre a origem e estrutura do universo, entre outros assuntos) e procuraram apresentar aos leigos no assunto a maneira como esse estudo místico é apresentado como "uma doutrina esotérica que visa conhecer a Deus e o Universo".

Seu surgimento é, de certa forma, similar ao do Código: uma "revelação para eleger santos de um passado remoto, e reservada apenas a alguns privilegiados" (também segundo o Zohar). Usa textos baseados no Velho Testamento, como o Zohar, palavra que significa *esplendor*, um comentário místico e esotérico, escrito em aramaico, a verdadeira língua falada pelos antigos judeus, incluindo Cristo e seus seguidores.

E adivinhe sobre qual parte do Velho Testamento o Zohar fala? Se você disse "Torá", parabéns! O mesmo Pentateuco interpretado pelo código é o objeto de estudo também da Cabala.

O texto do Zohar foi descoberto no século XII por um judeu espanhol de nome Moshe de Leon. Desde então, foi publicado e distribuído por todo o mundo judeu. Esse capítulo, entretanto, dedica-se a explicar outra maneira de procurar significados ocultos nos textos bíblicos, uma maneira que é muito mais antiga que o Código da Bíblia e que provou ter resultados bem mais interessantes e críveis.

Misteriosamente, o jornalista Drosnin não o cita em lugar algum de sua obra, mas se o leitor se propuser a procurar na internet pelos programas que leem o código, verá que muitos deles trazem essa forma de interpretação incluída em seus *softwares*.

Estamos falando da "gematria", cuja definição encontrada no Dicionário Houaiss é "um método cabalístico de explicar as escrituras judaicas (Velho Testamento) por meio do significado criptográfico numérico de suas palavras".

A gematria

A gematria é um tipo de estudo levado tão a sério que chegou a virar boato de internet. Muitos religiosos que conhecem essa prática começaram a dizer que o www dos endereços de internet correspondia ao cabalístico número 666, que, como a maioria sabe, é atribuído à besta do Apocalipse.

A começar pelo próprio nome dessa prática, que vem da palavra grega "geometria", o que indica que tem raízes profundas na prática da sagrada geometria, o estudo das ligações entre as proporções e formas contidas no microcosmo e no macrocosmo, que objetivam uma compreensão da Unidade que permeia toda a Vida.

O estudo da Gematria era, até recentemente, um dos segredos mais bem guardados por algumas vertentes da Maçonaria, que só aceitava que um irmão tivesse acesso a esses conhecimentos após passar por um período de preparação de 15 anos.

Vamos tentar entender melhor a gematria. Sabemos que na maioria dos alfabetos modernos, incluindo o hebraico moderno, letras e números são sinais diferentes, mas em grande parte das línguas antigas, incluindo latim, grego e, claro, o hebraico, não havia essa distinção.

Concentremo-nos no hebraico, a língua da Torá e que, segundo Drosnin, é o ambiente sem o qual o "programa de computador", que é o Código da Bíblia, não funciona. Nessa língua há 22 letras diferentes que se referem a números; porém, cinco delas possuem uma grafia extra se posicionadas no final de uma palavra.

Por exemplo, a que equivaleria à nossa letra M tem duas formas: o M normal, denominado "mem", com valor 40, e o final "mem-sofit", com valor 600. Assim, se acrescentarmos as letras "sofit", teremos um total de 27 caracteres.

Cada letra recebe um valor numérico diferente, que varia de 1 a 9. A seguir, há as letras que representam as dezenas (10, 20, 30, etc.) e as que são as centenas (100, 200, 300). Assim, dos 22 caracteres originais, aumentamos significativamente esse número para pelo menos 400.

Portanto, se continuarmos a analisar os valores, veremos que as letras do tipo "sofit" ganham valores ainda mais altos a partir de 500. É de espantar quando vemos um W comum ganhar um valor maior que 600? Mesmo porque, o W não existe no hebraico, e a letra mais próxima a ela é o V, ou Vav.

Assim, o www dos endereços de internet não equivale a escrever 666, mas sim a uma conta bem mais simples, 3x6, que resulta em 18. E qual o significado desse número? Trata-se do chamado Chai, a soma dos dois caracteres da palavra "vida" em hebraico.

Isso é apenas um exemplo da complexidade que pode ter essa história de significados ocultos. E com a gematria não é diferente.

Vamos agora ver um exemplo prático de como funciona a gematria. A prática leva em conta que as letras do alfabeto também podem ser usadas como números, portanto palavras e frases adquirem valores numéricos distintos. O exemplo que usaremos aqui e que é bem propagado nos textos que explicam o funcionamento da gematria é o da palavra Deus, que, vertida para o hebreu, escreve-se IHVH, uma forma de pronunciar Iahveh.

As quatro letras possuem os valores respectivos de 10, 5, 6 e 5. Somando-se, dá 26. A partir daqui, por equivalência numérica, a palavra se torna equivalente, por assim dizer, às palavras Amor e Unidade (que, em hebraico, escrevem-se AHBH e AchD). Isso porque, se atribuirmos os valores dessas duas palavras (respectivamente 1, 5, 2, 5 e 1, 8, 4) veremos que o resultado das somas é o mesmo de IHVH. A tabela a seguir ilustra um pouco mais essa equivalência de valores e dá ao leitor um panorama do funcionamento da gematria:

Valor decimal	Nome da letra em hebraico	Letra equivalente	Forma hebraica
1	Aleph	A	א
2	Bet	B	ב
3	Gimel	G	ג
4	Daled	D	ד
5	He	H	ה
6	Vau	V	ו
7	Zayin	Z	ז
8	Cheth	Ch	ח
9	Teth	T	ט
10	Yodh	I	י
20	Kaph	K	כ
30	Lamed	L	ל
40	Mem	M	מ
50	Nun	N	נ
60	Samekh	S	ס
70	Ayin	Aa	ע
80	Pe	Ph	פ
90	Tzaddi	Tz	צ
100	Qoph	Q	ק
200	Resh	R	ר
300	Shin	Sh	ש
400	Tau	T	ת
500	Kaph	K	ך
600	Mem	M	ם
700	Nun	N	ן
800	Pe	Ph	ף
900	Tzaddi	Tz	ץ

Fontes: Livros Overview of Hebrew Gematria e Zola's Introduction to Hebrew.

Obs.: Alguns usos cabalísticos da gematria reconhecem valores diferenciados pelas formas finais e designam múltiplos de mil para letras que são desenhadas maiores que aquelas mais próximas ou adjacentes.

Os cálculos

Há quatro maneiras de realizar os cálculos dos valores numéricos. Para aqueles que desejam fazer isso de maneira mais adequada e com a ajuda do computador, há sempre sites que oferecem calculadoras automáticas e até barras de ferramentas que, uma vez acopladas ao computador realizam não só a tarefa de realizar o cálculo, como também convertem da nossa escrita para a hebraica. Porém, para aqueles que preferem aprender no lápis e na marra, há maneiras mais detalhadas de realizar a tarefa.

A primeira delas é chamada de **valor absoluto**, em hebraico, *mispar hechrachi*. Também é conhecida pelo nome de **valor normativo**. Trata-se de um método em que cada letra recebe o valor de seu equivalente numérico, conforme pode ser visto na tabela deste capítulo. Depois do valor de 900, a mesma letra *aleph,* que vale 1, assume o valor de 1000.

De fato, em hebraico a mesma pronúncia da letra é usada para o nome *aleph* e para *elef*, que significa "mil". Assim, as letras do alfabeto assumem um caráter de círculo completo em um processo infindável. Esse fenômeno permitiu que alguns estudiosos interpretassem certos versos de maneira diferente. Por exemplo, o trecho do Deuteronômio 32:30, que diz originalmente "Como poderia um só perseguir mil?" assume a forma "Um, o primeiro número, segue após mil em um círculo completo e perfeito".

A segunda forma é conhecida como **valor ordinal**, ou seja, de natureza sequencial ordenada, em hebraico, *mispar siduri*. Aqui cada uma das 22 letras assume valores que vão de um a 22. Assim, *aleph* vale 1, *kaph* vale 11 e *tau*, 22. As formas finais das letras continuam a escala de valores.

A terceira forma é a do **valor reduzido** em hebraico, *mispar katan*. Nesse método, cada letra é reduzida a um valor de apenas um dígito. Assim, as letras *aleph*, valor normal 1, *yodh*, valor normal 10, e *qoph*, valor normal 100, passam a ter, as três, o valor de 1. O mesmo pensamento se aplica a *bet*, valor normal 2, *kaph*, valor normal 20, e *resh*, valor normal 200, que recebem todas o valor 2. Assim, a letras possuem apenas nove equivalentes, em vez de 22.

Nos valores ordinal e reduzido, as cinco letras, cuja forma muda quando concluem uma palavra, são geralmente equivalentes a seus valores quando aparecem numa palavra. Entretanto, recebem em alguns casos valores independentes. Por exemplo, o valor ordinal do número final é às vezes considerado como 14 e, em outras, como 25. Igualmente, seu valor reduzido é às vezes 5, em outras, 7.

A quarta e última forma de cálculo é chamada de **valor reduzido integral**, em hebraico, *mispar katan mispari*. Nesse caso o valor numérico total de uma palavra é reduzido a um só dígito, como nos cálculos mais comuns de numerologia. Se a soma dos números for maior que nove, os valores são adicionados entre si até chegar a um só dígito.

A gematria revelada e mística

A forma mais comum de gematria é a usada no Talmud, a coleção de discussões por parte dos rabinos sobre as leis judaicas, e no Midrash, narrativa oral sobre os conhecimentos de Deus transmitidos a Moisés, compilada pela primeira vez no ano 500 d.C.

Nesta última, as palavras recebem números, um para cada letra hebraica. Quando o texto é lido na sua forma numérica, podem ser comparados e contrastados com outras palavras. Uma explicação dada pelos estudiosos para o uso da gematria é seu uso para a propagação de certos princípios e propriedades matemáticas. Por exemplo, de acordo com a gematria, o autor do livro de Reis, que, pelos tradicionalistas é o rei Salomão, tinha noção do valor do número irracional Pi.

Uma leitura do texto sob essa ótica revela que já se sabia que o valor de Pi não era 3, mas o valor hoje tradicional de 3,14159... Já pelo lado místico, se diz que a gematria é um sistema que reconhece a ligação entre os dez *sefirotes*, ou luzes de Deus, e as 22 letras do alfabeto hebraico. Esse é o sistema descrito no já citado Zohar.

As 22 figuras das letras, como podemos ver na tabela deste capítulo, são compostas por polígonos regulares. Assim, temos cinco sólidos platônicos, quatro sólidos do tipo Kepler-Poinsot, cujo nome vem da junção de dois matemáticos, o alemão Joannes Kepler e o francês Louis Poinsot, figuras geométricas definidas como poliedros regulares não convexos, em que todas as faces são polígonos regulares iguais, e 13 sólidos arquimedianos.

Como há 22 letras no alfabeto hebraico, uma ligação pode ser sugerida entre essas categorias tão diferentes, e a gematria se presta exatamente a descobrir qual sólido se associa a qual letra.

Talismãs

A magia operativa, ou seja, todos os rituais e objetos usados para praticar atos mágicos, deve muito à gematria. Isso porque muitos símbolos de poder se originam dos alfabetos diferentes dos ocidentais que, como vimos, oferecem imagens distintas e ideias próprias encerradas em suas formas.

Engana-se quem acredita que o conhecimento judeu é completamente livre do misticismo. Eles podem não adorar figuras estranhas ou bizarras, como as egípcias, ou com formas humanas simples como as entidades greco-romanas, mas os anjos e demais figuras ligadas a Deus acabam por assumir essa função e a base da cabala e de outras formas do chamado misticismo judeu, até mesmo da gematria.

Essa ciência oculta teve origens bem definidas no Egito faraônico, de onde o povo de Moisés, por ele liderado, fugiu conforme o livro do Êxodo. Engana-se também quem acredita que não houve nenhum tipo de influência dessa civilização na comunidade judaica. Para muitos, o próprio Moisés seria um grande iniciado na magia daquele país por causa de seu constante uso das chamadas "palavras de poder". E qual a melhor maneira de manter uma palavra de poder próximo de si do que levar um objeto de poder, mais conhecido entre nós como amuletos ou talismãs? E essa ideia não vai de encontro às crenças judaicas.

O que Deus e Moisés condenavam era a idolatria, ou seja, a adoração de imagens de entidades falsas, como no episódio do bezerro de ouro ao pé do Monte Sinai. Mas a partir do momento em que se soubesse o verdadeiro significado, junto com o valor numérico e, consequentemente, o poder oculto, de determinada palavra, era fácil colocá-la num medalhão, por exemplo, e levá-lo consigo.

Assim, era uma forma aceitável de uma magia ligada aos seres superiores, e não às entidades maléficas pagãs. A identificação de Moisés com a magia parece ter seu respaldo na Bíblia. Por exemplo, em Atos dos Apóstolos 7:22, se diz que Santo Estevão pensava que o líder judeu mais famoso teria sido "instruído em toda a ciência dos egípcios, e era poderoso em palavras e obras".

Os próprios milagres que Moisés realizou no Egito, como a transformação de seu cajado, ou caduceu, numa cobra diante do faraó parece confirmar isso. Principalmente quando, em seguida, os sacerdotes egípcios Iambres e Ianes realizam o mesmo prodígio. Drosnin observa em seus livros sobre o Código da Bíblia, que o poder das palavras pode ser benéfico ou maléfico, dependendo do uso que se faz dos avisos que são lá obtidos.

Para muitos, essa máxima é uma verdade que é quase um mandamento no meio esotérico. Um exemplo disso é a quantidade de ordens, seitas e sociedades secretas que transmitiram muito desse conhecimento uns para os outros por via oral. O próprio Moisés parecia ser inclinado a seguir essa tendência. Sabemos que ele levou consigo muitos segredos aprendidos no Egito, quando conseguiram finalmente sair de lá e ministrou-os oralmente para alguns escolhidos de seu próprio povo, numa tradição que, reza a lenda, originaria a cabala.

A gematria seria uma maneira de passar esses segredos de maneira discreta, e somente certas pessoas entenderiam. Os valores numéricos obtidos por meio da soma dos valores, sempre seguindo as tabelas, mostram o significado embutido, que somente os iniciados em numerologia sabem interpretar. Esses valores serviriam para criar nomes com poder imbatível e que, passados para as pessoas certas, criariam emanações divinas que ajudariam a pessoa que os levasse.

Assim apareceu a manufatura dos talismãs cabalísticos que criariam tal condição para quem os usasse. Parece difícil acreditar, mas não se conhecermos os casos registrados. Um deles fala sobre um rabino de nome Elijah de Chelm, que viveu no século XVI. Esse religioso teria usado um livro sagrado da cabala, supostamente redigido entre os séculos V e VI d.C., chamado Sepher Yetzirah, para fabricar um homem artificial, mais conhecido como Golem, palavra que significa literalmente "matéria informe". E a maneira como o rabino deu vida foi escrevendo na testa de sua criação um dos nomes secretos de Deus, revelado de acordo com a gematria.

Uma versão religiosa da história do Monstro de Frankenstein que, como na história de Mary Shelley, tornou-se incontrolável, assustando seu mestre, pois o Golem não parava de crescer e se tornar cada vez mais monstruoso. A maneira como a criatura foi derrotada era mais simples do que se pensa: o rabino simplesmente apagou a inscrição da testa do homem artificial. Depois disso, seu estranho homem se desfez totalmente. E se você, leitor, pensa que a gematria era o fim de uma cadeia de ensinamentos místicos, está redondamente enganado.

De acordo com um artigo do psiquiatra e acupunturista Paulo Ubiratan, a prática gerou um outro sistema cabalístico chamado Notarikon, em que cada palavra hebraica é considerada um acróstico, ou seja, um texto em que as primeiras letras formam novas palavras ocultas, às vezes frases inteiras.

Muitos, inclusive, chegaram a considerar o Código da Bíblia nada mais do que uma variação do Notarikon, que ajudou muitos místicos famosos como Hermes Trithemius, Cornélio Agrippa e Eliphas Levi a montar seus talismãs. Um exemplo de palavra de poder encontrada em muitos amuletos e utensílios usados em magia é AGLA, palavra acróstica que junta a frase Atha Gibor Leolam Adonai (Senhor, Vós sois eternamente poderoso).

Identificando o mal em textos

Michael Drosnin gosta de lembrar que as pesquisas que ele encontra, sempre auxiliadas pelo *software* desenvolvido em conjunto pelo doutor Eliyahu Rips e seu colaborador, o doutor Yoav Rosemberg, nãos eriam possíveis sem a ajuda do computador. Afinal, ele defende a tese de que a Torá não passa de um programa de computador que somente nos dias de hoje, com a ajuda da informática, está ao nosso alcance.

E a gematria seria também uma forma de processamento das palavras? Uma tecnologia acessível somente pelo uso de computadores? Parece ser esse o pensamento de vários sites de internet que, interessados na repercussão do Código da Bíblia e no interesse das pessoas em descobrir mais sobre a verdadeira natureza dos nomes, criaram páginas dedicadas ao ensino da gematria e até algumas para identificar a natureza boa ou má de certos sites.

Por exemplo, o site Gematriculator (mistura de Gematria e Calculator) revela se determinada página ou trecho de texto é bom ou mau. O primeiro parágrafo deste capítulo foi submetido à análise da página e o resultado revela tratar-se de um texto 27% bom e 73% mau. A análise gemátrica revela ainda a quantidade de vogais e palavras completas utilizadas, seus valores e palavras importantes usadas no texto.

Já o site da editora foi considerado 60% bom e 40% mau, com as mesmas análises de quantidade de palavras, vogais e termos utilizados. Trata-se de uma prática, no mínimo, curiosa, uma vez que já vimos no País exemplos de celebridades que chegaram a mudar seu nome para se ajustarem às exigências da numerologia que, por sua vez, tira muito de seus conhecimentos exatamente da gematria.

Todos esses cuidados, entretanto, não respondem a uma pergunta primordial para todos os interessados no Código da Bíblia: se ele só funciona em hebraico, como o jornalista Drosnin afirma, é certo adaptar o significado de certas palavras e frases dessa língua para a nossa? Para muitos estudiosos do esoterismo como Johann Heyss não é uma tarefa que se pode chamar de certa. Opina ele:

> Não há porque se fazer aproximações ou adaptações do hebraico para outra língua, pois a língua hebraica tem seus próprios sons, e não abrange sons e letras do alfabeto latino, por exemplo. Daí que o uso da gematria para quem não é judeu e educado em hebraico seria o mesmo que tentar adaptar o alfabeto japonês para extrair cálculos na língua portuguesa - um disparate.

Capítulo 11
Teomática: o código da Bíblia original

Diz-se que "nada se cria, tudo se copia". Na prática, isso parece gerar controvérsias, principalmente quando envolve uma pesquisa acadêmica como nas recentes pesquisas que revelaram o dito Código da Bíblia, por si mesmo uma pesquisa polêmica.

Michael Drosnin alega que o doutor Rips estava destinado pelo Código da Bíblia a trazer a verdade à tona com sua "descoberta". Mas, em momento algum, ele realmente encara seu papel como jornalista e vai atrás da existência de outras pesquisas realizadas em cima do Velho Testamento.

Como foi explicado exaustivamente ao longo deste trabalho, Rips nada mais fez que pegar trabalhos já começados de outras pessoas e partir atrás de um colaborador que montasse um programa de computador para descobrir as tais Sequências Equidistantes ocultas no livro.

Uma rodada em qualquer catálogo acadêmico de livrarias que trabalham com produtos importados, ou mesmo uma consulta rápida num site de uma delas como a famosa Amazon mostra que, de fato, a Bíblia já foi motivo de muitas pesquisas. Uma delas, entretanto, ganhou muitos adeptos desde que foi divulgada, a ponto de seus defensores apelidarem--na de "o Código da Bíblia Original".

Não se trata de gematria, mas sim da chamada teomática, que tem um nome que já diz tudo: combinação da palavra grega "teo", Deus, e matemática.

Assim a teomática nada mais seria que a matemática de Deus. Por milhares de anos, os homens tentaram partir em busca de provas da existência de Deus. Alguns queriam provas favoráveis; e outros, provas contrárias. Os esforços acabaram resultando em fracasso para ambos os lados. Muitos cristãos e outros crentes similares sempre se convenceram de que havia alguma prova firme, sólida, da existência do Criador e, desde os tempos medievais, acredita-se que a Bíblia possui mesmo um código oculto.

O mais famoso desses pesquisadores, sir Isaac Newton, foi, como vimos, um dos mais persistentes. Porém, essa leva de pesquisadores acreditavam que essa versão do Código era um pouco diferente da pregada pelo "guru" Drosnin.

Em vez de mostrar mensagens *ipsis-literis* do futuro apocalíptico e de grandes desgraças, essa versão do código mostraria uma descrição matemática complexa que estaria além da mentalidade humana. Já foi descrita de várias formas, de "um tipo de marca d'água que prova a autoria dos textos como sendo Deus" até "uma pegada deixada pelo Espírito Santo".

Assim, entra em cena o estudo que foi chamado de teomática. Possível graças a uma combinação da gematria com a *isopsefiatermo* originário do grego que designa uma espécie de gematria aplicada à palavras em formato mais conhecido, como as latinas ou gregas.

Assim, a teomática seria uma técnica de análise que busca provas dessa matemática complexa inserida na Bíblia e que mostraria a existência de uma inteligência superior, no caso, Deus, na confecção dos textos que fazem parte da Bíblia. Essa técnica difere inteiramente do Código de Drosnin, justamente por se basear não nas Sequências Equidistantes, mas nos sistemas de conversão das letras das palavras em números.

Os defensores desse Código "original" falam que a análise dos textos da Bíblia revela padrões numéricos que não são explicáveis por si mesmos. E juntos anseiam achar a prova da existência de Deus de uma forma numérica perfeita e inconcebível por mentes humanas. As SE, base do Código de Drosnin, estão, segundo a visão dos defensores da Teomática, destinadas ao fracasso porque se apoiam na premissa desacreditada de que seu texto é o mesmo desde os tempos bíblicos. Como prova disso citam estudos arqueológicos e linguísticos que comprovam diferenças significativas entre vários manuscritos antigos que reproduzem o Velho Testamento e que sobreviveram à ação do tempo. Mais ainda, afirmam que não há como determinar qual era o formato original.

O que é teomática?

A descoberta da teomática remonta ao ano 1975 e surgiu originalmente na cidade de Portland, no Oregon, Estados Unidos. Desde então milhares de horas foram investidas nessa pesquisa a fim de validá-la. Desde então seus resultados, tratados com absoluto sigilo, foram mantidos longe da mídia e de jornalistas curiosos como Drosnin, exatamente o inverso do que aconteceu com a pesquisa de Rips.

"Do ponto de vista matemático e científico, a teomática é um fenômeno muito mais provável. Se os mundos cristão e secular tivessem alguma compreensão dessa descoberta ou de suas implicações, mudaria para sempre o espaço entre ciência e religião como lembrança da história deste planeta", diz o site oficial da pesquisa.

Na teomática é possível aprender como Deus escreveu Suas palavras matematicamente, graças a uma espécie de *design* oculto na Bíblia. "Nenhum outro livro na literatura já escrita, aparentemente, contém qualquer coisa que se assemelhe à teomática", afirma o texto oficial. E acrescenta: "é totalmente único aos 66 livros", referindo-se ao fato de que esse padrão (ou *design*) está presente na Bíblia inteira, e não apenas no Pentateuco como afirma Drosnin e o doutor Rips.

Seus pesquisadores, o matemático Del Washburn e o pesquisador Jerry Lucas, conhecido por trabalhos no campo do basquete, lançaram em 1978 um livro chamado Theomatics: God's Best Kept Secret Revealed (Teomática: o melhor segredo de Deus revelado, inédito no Brasil). O livro vendeu, na época, 90 mil cópias em suas versões *pocket* e capa dura e rendeu aos autores maciça divulgação em canais de televisão. O segundo volume, Theomatics II, saiu em 1994 e mais uma vez chamou a atenção por conter informações mais sólidas do que as da pesquisa do doutor Rips, embora a intenção de manter a vida acadêmica de Washburn no anonimato seja maciça. É quase impossível encontrar informações sólidas sobre o pesquisador, o que faz com que se pense imediatamente na legitimidade do trabalho.

Tudo parte da estrutura numérica atribuída ao texto original, em hebraico ou em grego. A tabela de valores usada na gematria também é usada aqui. A diferença está nos valores atribuídos ao texto quando assume a forma grega, uma vez que sabemos serem essas duas línguas as originais tratadas nos primórdios do cristianismo e responsáveis pela preservação dos mais antigos manuscritos.

Enquanto a tabela dos caracteres hebraicos vai até 400, a tabela grega segue os mesmos valores, porém chega a 800. E o que é melhor: a análise não é limitada a funcionar apenas nessas línguas, ao contrário do Código de Drosnin, que não funciona se não for em hebraico. Porém, é claro, aconselha-se a se manter nessas duas variações por causas históricas. Essa atribuição de valores numéricos não se aplica apenas às letras em si.

Pode ser usada para determinar o valor de certas palavras. Por exemplo, colocamos aqui a análise de suas palavras gregas, *Eeaysooce*, pronúncia da versão grega para o nome Jesus, e *kosmos*, palavra que significa mundo.

Ao decompô-las em suas respectivas letras e seguir a tabela de valores, dão o resultado total de 888 para a primeira e 600 para a segunda. Para ajudar o leitor a visualizar a tabela grega de valores, basta consultar o modelo abaixo.

Caractere grego	Valor	Caractere grego	Valor
a	1	n	50
b	2	z	60
g	3	o	70
d	4	p	80
e	5	x	90
x	6	r	100
z	7	s	200
h	8	t	300
q	9	n	400
i	10	f	500
k	20	c	600
l	30	y	700
m	40	w	800

O mesmo esquema pode ser utilizado também para compor os valores de frases inteiras, tanto em uma língua quanto em outra. Por exemplo, se tomarmos o primeiro versículo do Gênesis 1:1, que fala sobre a criação do Céu e da Terra "No princípio criou Deus os céus e a terra" em sua forma original hebraica e seguirmos a tabela de atribuição de valores, teremos como resultado 2701.

E aí reside o perigo das "traduções" atribuídas a Drosnin. No caso desse versículo, a ordem de leitura ficaria algo como "terra-e-céu-★★★-Deus-criou-noinício". Vejam a diferença: não existe para os judeus a expressão "no início", que corresponderia a uma só palavra, enquanto o espaço com asteriscos indica a presença em hebraico de uma palavra que, apesar de não ter uma tradução exata em nosso idioma, é levada em consideração na hora de levantar os valores. Assim há os seguintes valores:

terra = 296
e = 407 (palavra hebraica constituída de três letras)
céu = 395
★★★ (palavra hebraica sem tradução composta de três letras) = 401
Deus = 86
criou = 203
noinício (palavra hebraica única) = 913

Total da soma - 296 + 407 + 395 + 401 + 86 + 203 + 913 = 2701.

Assim, quando tudo é colocado junto, em frases e expressões, gera valores que são mantidos em determinados trechos, mostrando um lado da Bíblia que pouco conhecem: o da perfeição numérica, uma dimensão que, segundo alguns pesquisadores, seria o ambiente ideal para que Deus se manifestasse em toda a Sua perfeição.

Embora a magnitude dessa descoberta esteja apenas começando a se revelar para os pesquisadores, com o passar dos anos, muitos povos especularam, acreditaram e até mesmo ensinaram que havia mesmo alguma espécie de fenômeno sobrenatural, mas baseado nesses padrões matemáticos e não em profecias literais ocultas, presente nos textos hebraico e grego da Bíblia.

Portanto, nada do que o doutor Rips ou o "guru" Drosnin falam para o mundo seria considerado uma descoberta importante para a história da humanidade, já que se trata apenas de reciclar conhecimentos antigos com moderna tecnologia. Esses povos antigos acreditavam que uma chave revelaria um significado simbólico e espiritual por trás das palavras desses textos posto por Deus sem o conhecimento dos homens que os redigiram.

O nascimento de Jesus

Um estudo de caso foi publicado nos livros sobre a teomática e divulgado pela internet. O que se estudou aqui foi, claro, uma referência ao nascimento de Jesus, um dos milagres mais estudados de toda a Bíblia. Com o passar dos anos, muitas pesquisas foram feitas para tentar analisar os fatos. Há aproximadamente 60 referências ao nascimento no Novo Testamento e algumas no Velho Testamento que falam sobre a concepção, o nascimento, o bebê na manjedoura, entre outros. Virtualmente todas essas referências estão cheias de múltiplos de 111.

As probabilidades matemáticas dessa análise remontam a uma em vários milhões. Da maneira como os autores da teomática mostram, a explicação foi feita para aqueles que não são matemáticos possam acompanhar com detalhes simples a explicação.

Como vimos anteriormente neste capítulo, a análise do nome de Jesus, em grego, dava um valor de 888. Se dividirmos esse valor ao meio, teremos 444 que, por sua vez, dá 222 e, por fim, 111. Esse número é predominante nas referências ao Messias, apesar de não ser o único ligado ao seu nome. Esse número, na verdade, aparece predominantemente nas referências ao nascimento. O exemplo divulgado mostra uma passagem do Evangelho de Mateus. A passagem inteira, Mateus 1:16, possui valor de 111x66: "e a Jacó nasceu José, marido de Maria, da qual nasceu JESUS, que se chama Cristo". Desse trecho, há os valores: Jesus (Ihsouv) - 111x8 Cristo (Xriston) - 111x12

A segunda referência ao nascimento acontece no versículo 18: "Ora, o nascimento de Jesus Cristo foi assim: Estando Maria, sua mãe, desposada com José, antes de se ajuntarem, ela se achou ter concebido do Espírito Santo".

"Ora, o nascimento de Jesus Cristo [...]", que corresponde no grego à frase *tou Ihsouv Xristou genesiv outwv hn* assume o valor 111x49. "Antes de se ajuntarem, ela se achou ter concebido do Espírito Santo", que corresponde à frase "eureje en gastri ek", assume o valor 111x11. A próxima parada será no versículo 20, quando um anjo aparece a José em sonho:

"E, projetando ele isso, eis que em sonho lhe apareceu um anjo do Senhor, dizendo: José, filho de Davi, não temas receber a Maria, tua mulher, pois o que nela se gerou é do Espírito Santo;"

"Pois o que nela se gerou é do Espírito Santo", que corresponde à frase "auth gennhjen ek pneumatov estin agiou"', assume o valor 111 x 28. Já "o que nela se gerou", que corresponde a "auth gennhjen"', assume valor 111x8, que gera o agora conhecido resultado 888.

No versículo 21 há vários múltiplos de 111. Aqui aparece apenas um deles: "e ela dará à luz um filho, a quem chamarás JESUS; porque ele salvará o seu povo dos seus pecados".

"E ela dará à luz um filho", que corresponde à frase "tecetai de uion"' assume o valor 111x11.

Dois versos depois, no número 23, vemos a mais famosa declaração sobre o nascimento de Jesus:

"Eis que a virgem conceberá e dará à luz um filho, o qual será chamado EMANUEL, que traduzido é: Deus conosco".

"Eis que a virgem conceberá e dará à luz um filho [...]", que corresponde à frase "Idou h parjenov en gastri ecei kai tecetai uion" assume o valor 111x27.

Dois versos mais adiante, depois que Jesus nasce, aparece novamente as palavras descritas acima: "Ela deu à luz um filho e O chamou JESUS".

A frase, que corresponde a *eteken uion kai ekalesen onoma autou* que seria a tradução da frase acima sem o nome de Jesus, assume o valor de 111x34.

Por todas as descrições acima, pode-se ter uma ideia do funcionamento desse Código da Bíblia. Tudo se resume a mostrar ao crente a validade dos fatos narrados por meio de números e operações que ocorrem em padrões que se repetem constantemente e atuam como uma espécie de "marca registrada matemática" e "assinatura digital" de cada personagem enfocado pelos textos bíblicos.

A polêmica da teomática

Entretanto, como toda pesquisa ligada a essa área, os pesquisadores e acadêmicos bíblicos modernos ridicularizaram ou ignoraram completamente a teomática. De um modo geral, eles não reconhecem a possibilidade de tal código existir, por se tratar de uma pesquisa fora do campo convencional.

Há quem defenda a ideia, como um matemático que prefere se esconder por trás de certos codinomes na internet, que não vem ao caso citar por aqui. Em um longo texto, ele declara:

> Se a técnica da Teomática é válida então seria possível demonstrar matematicamente que Deus interviu de maneira sobrenatural na redação da Bíblia. Este seria um importante avanço no campo da apologia cristã, talvez a mais profunda descoberta de todos os tempos. Mas se for falsa, então há potencial para um grande perigo que envolva o nome do Nosso Senhor Jesus Cristo.

No campo religioso há uma forte discussão sobre a validade de tal teoria. Por exemplo, muitos agnósticos, ateus e humanistas rejeitam a ideia da interferência divina na Bíblia. Muitos se referem ao livro apenas como uma coleção de documentos históricos, cada um, destinado a promover as crenças e convicções espirituais de seus autores e, assim, seria inútil pesquisar coisas que lá estejam ocultas.

Uma posição de ateus que Drosnin, que se declara como um deles, ignora totalmente. Alguns céticos, que se dedicaram a pesquisar provas da existência de Deus, se apoiam nos Códigos da Bíblia, sejam eles quais forem, como uma maneira de que, se o Criador é algo real, ele deseja se comunicar e aguarda que isso aconteça.

Já alguns conservadores cristãos estudam esses mesmos códigos para obterem visões mais amplas sobre o conteúdo verdadeiro, que eles consideram a real palavra de Deus. E mesmo entre os judeus, há aqueles que preferem evitar certos estudos numéricos da Bíblia, como o rabi Asher Lopatin da Congregação Anshe Shalom B'nai Israel, em Chicago, nos Estados Unidos. Ele declarou que se preocupa que isso possa levar a uma forma de falsa idolatria, quando os números em si se tornem mais importantes do que o próprio Deus.

Já os fundamentalistas cristãos rejeitam essas pesquisas como sendo parte do estudo do oculto. Acreditam que, quando se realiza experimentos com a numerologia ou decodificação dos textos bíblicos, portais se abrem em sua vida, e espíritos malévolos possuem as pessoas que as realizam.

Mais que criticar os livros de Michael Drosnin, os estudiosos querem acabar com essa aura de misticismo que circundou a Bíblia, desde que a pesquisa do doutor Rips foi divulgada. A briga entre as pessoas que defendem o jornalista e as que o criticam sempre lança mão dos outros estudos existentes, incluindo a teomática, para impor seus resultados como a verdade absoluta para desbancar a aura de charlatanismo que o cercou desde que seus livros foram lançados.

Porém, Drosnin não parece muito preocupado, pois não só anunciou o lançamento de seu terceiro livro sobre o assunto como, até onde se sabe, continuou com sua carreira de "consultor" para as agências governamentais, o que faz com que o ar de charlatanismo ao seu redor fique cada vez mais denso.

O código de Bullinger

Uma outra versão do Código da Bíblia foi divulgada anos antes dessa polêmica toda começar. Trata-se do trabalho de um escritor e teólogo inglês chamado Ethelbert W. Bullinger (1837-1913), cujo livro mais popular é um *Compêndio Bíblico*, um estudo da versão mais famosa da Bíblia em língua inglesa, a do rei James. Também é o autor de *Number In Scripture: Its Supernatural Design And Spiritual Significance* (Números nas Escrituras: Seu Design Sobrenatural e Significado Espiritual).

Nessa obra, reimpressa lá fora pela última vez em 1993, ele descreveu as fontes que originaram os números mais usados atualmente, como os 12 signos do zodíaco ou os 360 graus de um círculo. Mas seu estudo mais detalhado foi mesmo o da Bíblia e dos números nela contidos.

Ecos do trabalho da teomática podem ser aqui encontrados com uma similaridade espantosa. O autor afirmava que o significado espiritual e simbólico dos textos é associado a vários valores numéricos, conforme aparecem nas Escrituras. Por exemplo: o número 3 representa Deus; o número 9 representa o Julgamento Final; o número 15 representa os atos inspirados pela graça de Deus; o número 40 representa a provação, o julgamento e a punição; o número 1290 representa a desolação; o número 1335 representa a bênção.

Em seguida Bullinger detecta padrões em que esses números ocorrem nas versões cristã e hebraica da Bíblia. Conclui, assim, que essas repetições não ocorrem naturalmente, mas sim foram inseridas por dezenas de autores que trabalharam de maneira independente nos 66 livros das Escrituras. Por fim, declara que Deus é o responsável pela criação dos textos e que esses misteriosos padrões seriam uma prova de Sua existência.

Os padrões numéricos na teomática

Essas estranhas ocorrências também podem ser observadas nas pesquisas da teomática. De acordo com Del Washburn, os padrões provam que Deus é o verdadeiro autor da Bíblia, e que tudo nos textos é composto por matemática. "Deus o Criador, as vezes num passado eterno, orquestrou e planejou cada palavra na Bíblia como seria por fim", diz o pesquisador. "Cada palavra tem que ser grafada de maneira precisa para que obtenha seu valor numérico, e então seja colocada numa determinada posição no texto".

Assim vemos presentes nessas pesquisas os seguintes padrões: 12 Discípulos escolhidos por Jesus; 153 peixes pegos pelos discípulos; 800 como a idade que Adão tinha quando se tornou pai; 300 cúbitos de largura como o tamanho da Arca de Noé; 30 dias como o período de luta que os judeus observaram após a morte de Moisés.

Esses valores são comparados com outros, obtidos por meio das análises das palavras, grupos de palavras, frases ou sentenças localizadas próximas, nos mesmos moldes do exemplo retirado e já explicado do Evangelho de Mateus sobre o nascimento de Jesus. Outro exemplo é o caso dos peixes, mencionado no Evangelho de João 21:11: "Entrou Simão Pedro no barco e puxou a rede para terra, cheia de cento e cinquenta e três grandes peixes; e, apesar de serem tantos, não se rompeu a rede".

O número 153 reaparece em frases próximas ao trecho citado, algumas das quais são: a palavra grega para "peixes" tem valor 1244, que equivale a 153x8; "a rede", usada pelos discípulos, também tem valor de

1244; o termo "pescadores de homens", encontrado mais à frente, vale 2142, que é igual a 153x14.

Entre as descobertas mais importantes da teomática, está a ocorrência do já citado valor teomático (111) para o nome de Jesus, além das ocorrências similares por todos os textos referentes ao Salvador, em que a frequência matemática é maior do que poderia se supor. Na tentativa de provar a legitimidade desse Código, os defensores da teomática realizaram o seguinte experimento. Misturaram os valores da tabela descrita no começo deste capítulo e atribuíram os valores incorretos. O resultado foi analisado com a ajuda de um programa de computador, que, ao contrário do *software* do doutor Rips, não foi dado a ninguém fora da área das pesquisas, e que usou valores atribuídos de forma randômica. Pouquíssimas ocorrências similares foram encontradas.

Outras tentativas com valores diferentes produziram os mesmos resultados. Aparentemente o Código original só funciona com os valores atribuídos tradicionalmente, que, segundo seus defensores, foram escolhidos por Deus. Apenas o tempo pode dizer se este ou qualquer outro Código encontrado na Bíblia é mesmo obra de Deus ou de algum alienígena cujo corpo, com certeza, está em alguma base militar de algum ponto da Terra. Talvez esteja na Península de Lisan, aguardando a expedição fantasma de Drosnin para ser descoberto.

Capítulo 12
Os Arquivos Secretos e o Apocalipse

A batalha final é o que mais mete medo na Cristandade de hoje. Antes mesmo de continuarmos a falar das descobertas de Drosnin sobre o assunto é necessário recapitular o que sabemos, ou seja, muito pouco, sobre o terrível Armagedon.

O termo, muitas vezes grafado com duas letras d (Armageddon), é uma batalha prevista no Livro do Apocalipse, que descreve a maior e mais perigosa batalha a ser travada entre Deus e as forças do mal. A palavra em si, que apareceu em várias traduções, é tida em hebraico com a forma de Har Megido, ou "Colina de Megido".

Essa colina de fato existe e se localiza perto de um *kibutz* de mesmo nome no distrito norte de Israel. Essa colina é composta de 26 camadas de antigas cidades localizadas em uma posição estratégica que, nos tempos antigos, foi uma passagem conhecida como Cadeia de Carmelo, que ligava o país o Monte Carmelo, próximo ao Mar Mediterrâneo.

Na Antiguidade, Megido foi um local de muita importância, porque guardava a parte oeste de uma passagem estreita, dificultando o acesso à região por inimigos estrangeiros. Também era um ponto por onde passava uma antiga rota de comércio que ligava as terras do Egito e da Assíria.

Por causa de sua localização estratégica, no caminho de várias rotas grandes, Megido testemunhou várias batalhas ao longo dos tempos. O local somente se tornou desabitado entre os anos 7000 e 500 a.C. Há menções ao local retiradas de antigos escritos egípcios, uma vez que um dos faraós mais poderosos, Tutmés III, guerreou no local, por volta de 1478 a.C. Um relato completo da batalha foi encontrado nas paredes de seu templo no Alto Egito. Recebeu o nome de Derekh HaYam, Caminho do Mar em hebraico, e se tornou uma artéria militar importante para o Império Romano, que conheceu o lugar sob o nome de Via Maris.

Nos dias de hoje, o moderno Megido é próximo da colina, por vezes chamada de monte, e é uma conexão rodoviária importante, que liga o centro de Israel à baixa Galileia e ao norte da região. Os registros históricos conhecidos falam de, pelo menos, três batalhas por toda a história, onde o local mudou de "proprietários" várias vezes.

No século XV a.C. houve o confronto de Tutmés III contra uma enorme coalizão de cananitas liderada pelos governantes de Megido e Kadesh, cidade caanita localizada na região da Síria ocidental e que foi palco de uma das maiores vitórias do faraó Ramsés II. Uma nova batalha foi registrada lá, por volta de 609 a.C., num conflito que envolveu novamente o Egito contra o Reino de Judá, numa época em que os hebreus estavam divididos em dois reinos: o de Israel e o de Judá. Aí morreu o rei Josias, que teria governado Judá entre 640 e 609 a.C.

Por fim houve uma batalha em pleno final da Primeira Guerra Mundial, entre as tropas aliadas lideradas pelo general britânico Edmund Allenby e o exército otomano. Como vemos, a tradição de batalhas e confrontos em Megido não vem por acaso. Muito do que lá aconteceu serviu para retratar o lugar como o campo perfeito para que possa vir a acontecer uma batalha ainda mais épica, como num conto de velhos generais em busca de histórias para entreter as crianças.

Assim, não é de admirar que a Bíblia, na parte que reproduz o Livro do Apocalipse, fale sobre Megido e sua batalha final. Seu nome, transformado em Armagedon, se tornou sinônimo de fim de mundo e de catástrofes sem limites e indescritíveis, como aconteceu com os jornais que cobriram a Primeira Guerra, que recebeu esse apelido.

Porém, não se pode esquecer que os verdadeiros protagonistas desse conflito são as misteriosas referências a Gog e Magog, dos quais falaremos mais adiante. A colina foi escavada três vezes, e a primeira ocorreu entre 1903 e 1905, levada a contento por Gottlieb Schumacher, representante da Sociedade Alemã para Pesquisa Oriental. Vinte anos depois, o Instituto Oriental da Universidade de Chicago continuou os trabalhos, que eram financiados por John D. Rockefeller Jr.

As atividades só foram interrompidas porque a Segunda Guerra Mundial eclodiu, mas foi durante esse período que se descobriram as camadas das cidades que lá estavam, a exemplo do que aconteceu quando Heinrich Schlinder escavou Troia. Hoje muitos dos restos recuperados estão preservados no Museu Rockefeller, em Jerusalém e na Universidade de Chicago.

Somente na década de 1960, novas escavações seriam realizadas. Mas desde 1994, dessa vez sob a administração da Expedição Megido da Universidade de Tel Aviv, conduzida pelo arqueólogo Yigael Yadin, são realizadas campanhas de escavações bianuais, que contam com um consórcio de universidades internacionais. Em 2005, a expedição da Universidade de Tel-Aviv, liderada pelo arqueólogo Yotam Tepper, descobriu os restos de uma igreja antiga que se acredita ser do terceiro século, quando o Império Romano ainda perseguia os cristãos. Entre os achados estão um grande mosaico de 54 metros quadrados com uma inscrição que consagrava o local ao "Deus Jesus Cristo".

O mosaico está muito bem preservado e mostra figuras geométricas acompanhadas de imagens de peixes, um símbolo típico cristão. Especula-se que possam ser os restos de igreja mais antigos já encontrados na Terra Santa. As ruínas estavam dentro do local onde, hoje, se situa uma prisão militar moderna, e as autoridades israelenses investigam a possibilidade de retirarem a prisão de lá, para que escavações mais detalhadas possam ser realizadas.

Um detalhe curioso na velha igreja é que há uma inscrição que cita um tal Gaianus, que doou "seu próprio dinheiro" para que o mosaico fosse feito. Muitos colocam essa inscrição em dúvida, pois afirmam que um oficial romano não colocaria sua carreira em risco por causa de uma religião, que não era muito bem vista na época, enquanto outros já acham que a igreja pode ter sido construída num período de paz com os romanos durante o começo do terceiro século.

Por fim, há outra descoberta arqueológica no local que chamou a atenção de muitos estudiosos e pesquisadores. Dois complexos de estábulos foram escavados da camada IV A, um ao norte e outro ao sul da colina. O encontrado no sul possuía cinco estruturas construídas ao redor de um pátio todo em cal. As construções eram divididas em três seções, e duas tinham cerca de 21 metros de comprimento por 11 de altura.

O corredor principal era separado dos demais por uma série de pilares de pedra. Havia buracos nesses pilares que eram usados para amarrar os cavalos.

Também foram encontrados restos de algumas manjedouras, que eram colocadas entre os pilares para alimentarem os cavalos. Cada lado do local podia abrigar até 15 cavalos, o que dava uma capacidade de abrigo para 30 desses animais.

Já as estruturas do norte eram similares em construção, porém sem pátio. A capacidade de abrigar animais, entretanto, era para até 3000 cavalos. Juntos os dois locais abrigariam entre 450 e 480 cavalos. Essas escavações foram feitas entre 1927 e 1934, e desde então se tem debatido sobre se aquelas estruturas eram mesmo de estábulos ou de outro tipo de prédio, como um armazém ou mesmo simples barracos.

E o que mais intriga: o motivo para abrigar tantos cavalos era que as cidades de Megido já aguardavam tempos de guerra. Seria uma tendência seguida por anos pelas demais civilizações? A ideia de uma batalha épica naquele local já viria de muito antes de sua inclusão no texto da Bíblia? Até o momento não se tem mais informações ou detalhes sobre os estudos realizados em Megido.

Gog e Magog

Intimamente ligadas à Batalha do Armagedon estão duas figuras envoltas em mistério. Diz o livro do Apocalipse, 20:7-8: "Ora, quando se completarem os mil anos, Satanás será solto da sua prisão, e sairá a enganar as nações que estão nos quatro cantos da terra, Gog e Magog, cujo número é como a areia do mar, a fim de ajuntá-las para a batalha".

Mas quem, ou o que, seriam Gog e Magog? Diversos artigos e até livros já foram escritos com esse propósito sem nunca conseguirem dar uma conclusão satisfatória. Drosnin, em seu primeiro livro sobre o Código da Bíblia, procura uma resposta a esse dilema. Afirma que ninguém sabe onde estão localizados "os antigos Gog e Magog", mas arrisca palpites com base nos achados do Código.

Como, no Livro de Ezequiel, fala-se que Israel será invadida pelo norte, e no mapa moderno o norte pertence à Síria, talvez a identificação de um dos misteriosos nomes tenha sido entregue pelo Código. Síria, nome codificado em Ezequiel, um livro que não pertence à pesquisa original do doutor Rips, se encontra junto com os nomes de alguns aliados, identificados como Pérsia e Phut, que corresponderiam ao Irã e à Líbia. Drosnin ressalta que o texto aberto de Ezequiel fala sobre uma terrível batalha entre Israel e as nações árabes à sua volta, que resultaria "num grande massacre nas montanhas de Israel".

Megido é uma colina. Seria lá a batalha profetizada em Ezequiel? Afinal, de acordo com o Código, a Terceira Guerra Mundial pode começar com um ataque atômico contra Jerusalém, seguida da invasão de seu território. O problema maior de analisar um assunto como o Armagedon é tentar separar o joio do trigo, ou seja, dos assuntos abordados nos textos bíblicos o que pode ser um dado histórico do que é apenas uma história religiosa.

Assim, é muito difícil saber com exatidão o que são Gog e Magog e qual sua função nessa estranha história. A tradição de citar esses nomes não é exclusividade do Novo Testamento. Também no Velho há referências, embora não no mesmo contexto. Por exemplo, temos Magog, filho de Jafé, um dos 50 jafetitas citados no livro do Gênesis (10:2-3), além das referências ao mesmo nome encontradas no livro de Ezequiel e que são repetidas tanto no Apocalipse como até mesmo no Alcorão.

Os estudiosos da Bíblia e intérpretes do Apocalipse debatem entre si, em busca da verdadeira natureza desses nomes, que varia entre homens, seres sobrenaturais, gigantes, demônios, grupos de nações ou até mesmo terras.

A própria identificação de Gog e Magog usada por Ezequiel é confusa. No capítulo 38, versículo 2, lemos: "Filho do homem, dirige o teu rosto para Gog, terra de Magog, príncipe e chefe de Meseque e Tubal, e profetiza contra ele". Um, portanto, é uma pessoa, enquanto o outro é uma terra. Na versão grega do mesmo texto acontece o contrário: Gog é a terra e Magog a pessoa. Em ambas as versões o verso seguinte identifica Gog como o príncipe de Meseque e Tubal: "e dize: Assim diz o Senhor Deus: Eis que eu sou contra ti, ó Gog, príncipe e chefe de Meseque e Tubal;".

Na tradição hebraica Gog, o príncipe, é tido como um dos 70 anjos nacionais, dos quais todos são caídos, exceto Miguel, que é o anjo da guarda de Israel. Assim, de acordo com essa interpretação, Gog seria o anjo de uma nação chamada Magog, que significaria literalmente "de Gog" ou "vindo de Gog". Gog representaria a coalisão apocalíptica das nações que se unem contra Israel, e nesse ponto a interpretação de Drosnin parece estar de acordo com a tradição judaica.

Há outra interpretação, que afirma que o rei da Lídia, antiga região da Anatólia, que hoje é a porção asiática da Turquia, chamado Gyges, que reinou entre 687 e 652 a.C., possa ser a verdadeira menção para Gog. Seu nome traduzido para o assírio toma a forma de Gu-Gu. Assim, Magog seria seu território na Anatólia. Por sua vez, o historiador judeu Flavius Josephus, que viveu entre 37 e 100 da era cristã, identificou Magog com os cíntios, habitantes da Cíntia, região da Eurásia, habitada por povos que falavam as línguas iranianas conhecidas como citas. Essa teoria nunca foi muito bem aceita, porque havia um grande número de povos ao norte do Mar Negro que recebiam essa mesma denominação.

Enquanto Drosnin aponta o dedo para a Síria, estudiosos bíblicos preferem voltar seus olhares para outra nação, a Rússia, uma vez que uma versão europeia da Bíblia apresenta notas que apontam para a presença no original de termos hebraicos como Meshech, que seria uma forma para Moscou, e Tubal, para a capital da Sibéria, Tobolsk. Esse fato foi muito utilizado durante a época da Guerra Fria entre Estados Unidos e União

Soviética. Hal Lindsey, um evangélico norte-americano, pregou durante muito tempo que os soviéticos seriam essenciais para o Fim dos Tempos.

Com o colapso da União Soviética, um novo detentor do título de Gog teria que ser identificado, e essa responsabilidade terminou por cair nas mãos do Iraque. Ezequiel afirma que Gog e Magog virão dos quatro cantos da Terra, mas historiadores bíblicos apontam para o fato de quem, naquela época, o povo assim identificado se situava na Eurásia central, mais precisamente na Cíntia já citada, numa faixa que englobava do rio Moskva, em Moscou, até o Ob, na Sibéria.

Em sua obra Origens e Feitos dos Godos, datado de 551 d.C., o escritor godo, ou seja, pertencente aos antigos povos da Germânia, atual Alemanha, identificou Gog com os godos. De acordo com ele, a saga de seu povo começou por volta de 1500 a.C. quando foram deportados de uma pequena ilha, conhecida como Scandza, próxima à sua terra natal, a Suécia. Eles navegaram a passaram por diversos lugares e, como diz a história, terminaram por invadir e saquear os impérios romanos do Ocidente e do Oriente. Gog viria de uma corruptela do original Goth.

De fato, São Isidoro de Sevilha, matemático e doutor da Igreja Católica, a maior autoridade na época sobre a história dos godos, afirmava veementemente que aquele povo era os verdadeiros descendentes de Gog e Magog. No século VII, uma obra, chamada de Apocalipse do Pseudométodo, responsável pela forma mais comum do pensamento cristão durante a Idade Média, descrevia um Último Imperador Romano do tipo messiânico, talvez uma referência ao papel de Constantino, que enfrentava e destruía Gog e Magog, com ajuda divina, talvez uma referência à batalha por meio da qual o imperador conquistou sua vitória ao mandar pintar cruzes nos escudos de seus soldados e que terminou por convertê-lo num cristão fanático.

Já no século XI, o historiador alemão Adam de Bremen, um dos mais importantes da Idade Média, afirmava que a profecia de Ezequiel havia sido cumprida na origem do povo sueco. Há ainda registros de húngaros e de alguns povos celtas que afirmam serem descendentes de Magog. O filósofo grego Posidônio, que viveu entre 135 e 51 a.C., menciona que os cimérios, um povo nômade que viveu na região norte do Cáucaso e do Mar Negro, território dos atuais Rússia e Ucrânia, entre os séculos VIII e VII a.C., possuíam origens celtas, às quais se referiam por nomes como Gug e Guas.

Na tradição irlandesa, Magog teve um neto que chamou de Heber, cujos descendentes se espalharam pelo Mediterrâneo. Os gregos chamavam esses povos de Iberes e afirmavam que eram refugiados da Atlântida, que teriam estabelecido residência no Cáucaso, região central da Europa Ocidental e da Ásia Ocidental localizada entre o Mar Negro e o Cáspio. Assim Gog, a terra dos quatro cantos da terra, também foi identificada como as terras que circundam o Velho Mundo (ou seja, a Europa) e o Novo Mundo (a América).

O Kalki Purana, um dos puranas menores no hinduísmo, menciona em seu texto, que os pesquisadores datam de algum lugar antes do século XVI d.C., algo similar a Gog e Magog, mas com os nomes de Koka e Vikoka, que lutarão contra Kalki, o décimo e último grande avatar do deus Vishnu, que virá montado em um cavalo para governar um novo mundo. Essas versões de Gog e Magog servirão como generais no exército de Kalki.

Gog e Magog para o Islã

Entre os muçulmanos também encontramos referência a Gog e Magog. Esses nomes são escritos como Yagog e Magog, respectivamente, e o nome encontrado nos versículos do Livro de Ezequiel deveria ser lido dessa maneira. No texto do Alcorão os nomes misteriosos aparecem na Surata 18, chamada Al Cahf ou A Caverna, versículos 83 a 98, que reproduzimos abaixo:

> Interrogar-te-ão a respeito de Zul-Carnain. Dize-lhes: Relatar-vos-ei algo de sua história: Consolidamos o seu poder na terra e lhe proporcionamos o meio de tudo. E seguiu um rumo, até que, chegando ao poente do sol, viu-o pôr-se numa fonte fervente, perto da qual encontrou um povo. Dissemos-lhe: Ó Zul Carnain, tens autoridade para castigá-los ou tratá-los com benevolência. Disse: Castigaremos o iníquo; logo retornará ao seu Senhor, que o castigará severamente. Quanto ao crente que praticar o bem, obterá por recompensa a bem-aventurança, e o trataremos com brandura. Então, seguiu (outro) rumo. Até que, chegando ao nascente do sol, viu que este saía sobre um povo contra o qual não havíamos provido nenhum abrigo. Assim foi, porque temos pleno conhecimento de tudo sobre ele. Então, seguiu (outro) rumo. Até que chegou a um lugar entre duas montanhas, onde encontrou um povo que mal podia compreender uma palavra. Disseram-lhe: Ó Zul Carnain, Gog e Magog são devastadores na terra. Queres que te paguemos um tributo, para que levantes uma barreira entre nós e eles? Respondeu-lhes: Aquilo com que o meu Senhor me tem agraciado é preferível. Secundai-me, pois, com denodo, e levantarei uma muralha intransponível, entre vós e eles. Trazei-me blocos de ferro, até cobrir

o espaço entre as duas montanhas. Disse aos trabalhadores: Assoprai (com vossos foles), até que fiquem vermelhas como fogo. Disse mais: Trazei-me chumbo fundido, que jogarei por cima. E assim a muralha foi feita e (Gog e Magog) não puderam escalá-la, nem perfurá-la. Disse (depois): Esta muralha é uma misericórdia de meu Senhor. Porém, quando chegar a Sua promessa, Ele a reduzirá a pó, porque a promessa de meu Senhor é infalível.

Aqui vemos que Dhul-Qarnayn, tradução de aquele com dois chifres, que pode ser tanto os reis persas Ciro, o Grande, ou Dario, ou mesmo o conquistador macedônio Alexandre Magno, viajou em três direções. Numa, ele encontrou ao norte de seu império um povo que se queixava de Gog e Magog, que continuaram atacando ao sudeste e eram tribos de natureza má e destrutiva que causavam corrupção na Terra.

Quando esses povos ofereceram ao soberano um tributo para que os protegesse de Gog e Magog, este concordou em ajudá-los, mas recusou o tributo. Assim, o governante construiu uma muralha de ferro entre duas montanhas e despejou cobre para torná-la difícil de escalar ou cavar. E assim Gog e Magog pararam de ameaçar seus vizinhos.

Definir o que são Armagedon, Gog e Magog não é fácil se for com base em vestígios históricos. Assim, qualquer previsão, mesmo que venha do Código da Bíblia, só fará com que pareça sensacionalismo.

Capítulo 13
Bibliolatria

Se a Bíblia é mesmo a palavra de Deus, por que não seria um objeto de culto? Como demonstramos ao longo deste trabalho, não há como afirmar que o texto bíblico, seja no original, seja em suas traduções, não tenha sofrido nenhum tipo de alteração, proposital ou não.

Assim, fica fácil imaginar que há seguidores das escrituras que, justamente por acreditarem que ela é a "palavra de Deus pura", idolatram a obra e levam seu conteúdo ao pé da letra.

O ato de adoração da Bíblia já tem inclusive uma denominação difundida: bibliolatria. De acordo com o famoso dicionário Aurélio, a palavra define o gosto apaixonado pelos livros, principalmente pela Bíblia. Toda "idolatria", por assim dizer, é um hábito que, de uma forma ou de outra, é passível de repreensão em nome da moral e dos bons costumes, como se diz por aí.

Os livros, em particular a Bíblia, sempre foram uma extensão da memória e da imaginação humana, por isso não é de espantar que se tornem objetos de culto e admiração com o passar do tempo, ainda mais quando se sabe que o texto que se lê foi escrito de maneira obscura em épocas remotas.

Se a idolatria é condenável pela Igreja Católica, que é responsável pelas principais traduções da Bíblia pelo mundo, a bibliolatria seria algo igualmente repreensível? Para muitos religiosos de diferentes correntes cristãs a resposta seria um retumbante "sim". Uma vez que os livros lá contidos, principalmente os pertencentes ao Novo Testamento, ditam princípios que regem a vida de um crente, bem como o livre arbítrio de cada um seria teoricamente o que nos separa dos demais seres vivos, por que muitos insistem em adorar a Bíblia como um canal que os leva a Deus?

Essas e outras perguntas similares passam pela cabeça dos diversos cristãos que utilizam a internet e seus fóruns para colocar o assunto em questão. Numa dessas páginas, o *Jornal de Debates* (www.jornaldedebates.com.br), explica em artigo postado por Geraldo Fernandes Pignaton, que a retração do catolicismo no Brasil se deve a vários fatores, entre os quais a bibliolatria se acha inclusa. Vejamos um trecho desse artigo:

> Desde o Concílio de Niceia (325) quando se estabeleceu a diferenciação entre Livros Bíblicos (expurgando-se os Apócrifos e divinizando os Canônicos), a Igreja Romana passou a difundir e incutir, nos fiéis, o dogma da Inspiração Divina dos 27 livros que passaram a compor o chamado "Novo Testamento". Estes livros, na verdade, eram consolidações periódicas de tradições orais, de sincretismos de percurso. Ao longo dos longos séculos que se seguiram, desde 325, a Igreja Romana passou por radicais mudanças políticas, patrimoniais e doutrinárias. Os textos bíblicos, que refletiam a realidade eclesiástica do século IV, se mostravam muitas vezes insuficientes e até antagônicos com as posições e condutas adotadas pela Igreja. Isso gerou um distanciamento prático entre Doutrina e Conduta, que a Igreja contornou com a Tese da Herança Espiritual e com o autoproclamado status de "Esposa de Cristo", detentora da Tradição Doutrinária. Esta distância atingiu seu ponto crítico em 1222, quando o Concílio de Calcedônia recomendou, formalmente, a proibição das leituras bíblicas por leigos (a exemplo do que ocorrera, outrora, com os Vedas no Bramanismo e com os livros sagrados, no Judaísmo). Com as publicações de Gutenberg (1450), aconteceu algo parecido e análogo ao que ocorreu com a enunciação do Teorema de Pitágoras: um segredo religioso, ocultado pelos sacerdotes, caiu no domínio popular. Os textos bíblicos se tornaram incontroláveis e de leitura incoercível, facilmente acessíveis a qualquer cristão comum alfabetizado. Aí começou, de fato, a Reforma Protestante que, estribada no dogma da Revelação Divina da Bíblia, no seu status supremo de Palavra de Deus, questionava a incoerência doutrinaria da Igreja Romana. A obra se voltou contra seus artífices: os reformadores restabeleceram e empregaram a Bibliolatria (inventada no Concílio de Niceia) contra a Igreja Romana.

A autoridade das escrituras

Embora a bibliolatria seja usada no sentido de uma pessoa idolatrar um livro em si, que não seja necessariamente a Bíblia, o termo é mais aplicado aos extremistas que veem nessa obra coisas que os demais não veem ou que não conseguem compreender.

Ninguém em sua sã consciência espiritual vai admitir que adora esses textos da mesma maneira que o faz com a imagem de Deus, por exemplo, mas aqueles que acreditam na "capacidade quase nula" e na "impossibilidade de erro" da obra são considerados como bibliólatras.

Muitos cristãos acreditam que Deus se revelou apenas por aqueles escritos e que tudo nos livros bíblicos revela Sua presença. A maioria dos estudiosos afirma que esse tipo de pensamento está mais para fanatismo que para uma suposta sabedoria religiosa e que Deus se revela não apenas naquelas palavras, mas também por meio do estudo da natureza, da razão, da prática das tradições e das experiências individuais.

Todos esses fatores devem ser levados em consideração quando uma pessoa precisa decidir como seguir Deus e interpretar qualquer texto considerado sagrado. Curiosamente são as correntes não católicas as que parecem ser mais conscientes da bibliolatria e de seus riscos à fé cristã. No portal de publicações científicas da Universidade Metodista de São Paulo (www.metodista.br/ppc) encontramos um artigo de Carlos Jeremias Klein, Mestre e Doutor em Ciências da Religião pela Universidade Metodista de São Paulo e professor no Curso de Teologia do Centro Universitário Filadélfia de Londrina (Unifil). Ele diz sobre o assunto em questão:

> O presbiterianismo, em geral, posiciona-se de maneira crítica à questão da autoridade no catolicismo romano. Mas, ao absolutizar a Bíblia como única regra de fé e prática, tende, por sua vez, a uma espécie de "bibliolatria". Cabe observar que no seio do presbiterianismo brasileiro têm surgido protestos à absolutização da Bíblia, a exemplo do falecido Rev. Jorge Bertolaso Stella, ex-pastor da Catedral Evangélica de S. Paulo: "Uma religião viva procura continuamente romper os liames do biblismo e da bibliolatria... Não há nenhum livro religioso humano que seja 'a única regra de fé e prática', porque na prática é uma hipocrisia".

Isso tudo nos leva a discutir sobre a verdadeira autoridade que os escritos bíblicos possuem frente à fé moderna. Vamos ver o que outras fontes dizem sobre o assunto. O teólogo norte-americano Rob Bowman afirma que o conceito mais adotado entre os cristãos, de um modo geral, é que as Escrituras são a única Palavra de Deus escrita e a única expressão verbal das verdades divinas "publicamente acessível, visível e infalível no mundo".

Essa definição seria conhecida pelo termo *Sola Scriptura* (somente pelas escrituras). Aqui vale uma explicação curiosa. Esse nome veio do "slogan" da Reforma Protestante, liderada pelo ex-monge agostiniano Martinho Luthero, no século XVI. A frase completa que eles usavam era "*Sola Fide, Sola Scriptura, Sola Gratia, Solo Cristo*" [Somente pela fé, somente pelas Escrituras, somente pela graça, somente por Cristo].

Cada item serviria como um pilar levado a sério pelos reformadores contra as doutrinas católicas. Para eles, a Igreja Romana sempre ensinara que a salvação viria por Cristo, mas nunca colocaram o termo "somente" para completar. Mas voltemos para o artigo de Bowman. Segundo ele, somente o conteúdo bíblico e o relacionamento que envolve a nossa salvação são claramente ensinados na obra.

Ao analisar essa definição, ele esclarece, em artigo que pode ser lido na íntegra no site da AGIR – Agência de Informações Religiosas (www.agirbrasil.com):

1) Se "as escrituras são a palavra de Deus":

    a) As teorias liberais que consideram as Escrituras como sendo expressões falíveis de opiniões humanas, ou uma mistura de revelações divinas com opiniões humanas, são irrelevantes nesse contexto, porque essas teorias rejeitam o conceito de "Escrituras".

    b) Nesse contexto, "Escrituras" se refere ao cânon de escrituras inspiradas, dado à Igreja por Cristo através de seus representantes e recebido por ela desde o princípio.

    c) O importante aqui é quando a Igreja Primitiva e quem, apóstolos e/ou seus assistentes, receberam esses documentos.

    d) A definição, portanto, se aplica somente ao Antigo e Novo Testamentos, e exclui qualquer outro documento, por exemplo, o Livro de Mórmon, que alegue ter autoridade divina.

    e) O Antigo Testamento é incluído porque foi confirmado pelo próprio Jesus e reafirmado por seus apóstolos no Novo Testamento.

2) Cristo é a Palavra de Deus encarnada. A ideia de *Sola Scriptura*, ou seja, o conceito de que apenas a Bíblia é a palavra de Deus não interfere de modo algum com esse conceito.

3) Todos os pregadores, evangelistas e mestres, desde os tempos dos apóstolos até o dia de hoje, pregam ou ensinam a Palavra de Deus somente no sentido de que eles interpretam e aplicam o que Deus diz nas Escrituras, e não no sentido de serem veículos de novas revelações de Deus.

Para quem não está acostumado com o palavreado teólogo, parece sem sentido discutir conceitos tão abstratos quanto os citados acima por Bowman. Mas, ao pararmos para analisar essas afirmações, vemos seu significado. Hoje em dia há uma proliferação de pequenas seitas, que se dizem cristãs e usam a Bíblia como uma espécie de autoridade, para que possam pregar a palavra divina.

Depois que o livro parou de ser produzido manualmente e se tornou um objeto produzido em massa, posteriormente traduzido para outras línguas que não fossem mortas como o latim ou eruditas como o grego, muitos se acharam no direito de interpretar a mensagem das Escrituras da maneira que fosse mais conveniente.

E a própria linguagem obscura daqueles textos ajuda muito nesse tipo de atividade. Ninguém pode dizer com certeza qual a verdadeira e incontestável mensagem dos muitos dos livros que compõem a Bíblia, principalmente dos livros de profetas do Velho Testamento.

Para muitos, o conjunto de personagens como Abraão, Josué, Moisés, Rute e Salomão servem apenas como protagonistas de antigas histórias, e não como guardiões de antigas sabedorias. A principal acusação entre protestantes e católicos é que os primeiros teriam inventado a bibliolatria para descreditar os segundos. Bowman, ele mesmo um protestante, refuta essa acusação citando pelo menos alguns trechos de textos pertencentes a dois expoentes católicos: Santo Agostinho de Hipona e São Tomás de Aquino, que demonstrariam a ideia central da Sola Scriptura. Vejamos que trechos são estes:

Santo Agostinho de Hipona:

> "É somente às Escrituras canônicas que estou obrigado a me sujeitar e seguir seus ensinamentos, sem a menor suspeita de que nelas qualquer erro ou afirmação que leve ao engano possa haver" (Cartas 82.3).

> "Existe uma linha que separa as obras subsequentes aos tempos apostólicos dos livros canônicos do Antigo e Novo Testamentos [...] nos inúmeros livros que ultimamente têm sido escritos, por vezes podemos encontrar as verdades das Escrituras, mas não há a mesma autoridade. As Escrituras têm uma santidade única e peculiar" (Resposta a Fausto, 11.5).

São Tomás de Aquino:

> "Cremos nos profetas e apóstolos porque o Senhor foi sua testemunha, operando milagres [...] e cremos nos sucessores dos apóstolos e profetas somente na medida em que eles nos dizem aquilo que os apóstolos e profetas nos deixaram nas Escrituras" (De Veritate, 14.10, ad 11).

> "Somente àqueles livros ou Escrituras que são chamados canônicos tenho aprendido a honrar a ponto de crer firmemente que nenhum de seus autores tenham errado em sua composição (Summa Theologiae 1a.1.8).

A essa altura, o leitor pode se indagar de quem seria originalmente a ideia de que se deveria idolatrar os escritos da Bíblia. Lembremos que um dos motivos principais para haver a Reforma Protestante era que os padres católicos não teriam a exclusividade de intermediar a relação entre o homem e Deus.

Assim, Lutero e os demais professaram que, a partir do momento em que a pessoa estivesse disposta a atingir Deus por si mesma, isso era perfeitamente possível. O monopólio da "representação divina", por assim dizer, estaria rompido e irremediavelmente quebrado.

De onde vem a bibliolatria?

Para entender um pouco mais, teremos de recorrer ao artigo de Bowman. Lá vemos que o autor considera os seguintes pontos sobre o assunto:

a) Alguns acreditam que ver as Escrituras como a autoridade final constitui idolatria, mais precisamente "bibliolatria".

b) O apóstolo Paulo, entretanto, não tinha problema nenhum em se referir a Deus e às Escrituras de maneira intercambiável (Rm. 9:17; Gl. 3:8).

c) As Escrituras, obviamente, não são Deus, mas a Palavra de Deus.

d) Os protestantes não adoram as Escrituras; eles adoram o Deus que fala através das Escrituras.

e) Todos aqueles que rejeitam as Escrituras como a autoridade final são logicamente obrigados a colocar algo em seu lugar.

Exemplos:

1) As tradições da Igreja

2) Organizações religiosas

3) "Profetas" modernos

4) Razão humana autônoma

5) Experiências espirituais

6) Intuições pessoais

Isso significaria que, por mais que uma pessoa tenha a mente aberta, sempre corre o risco de confundir as coisas. Na prática, se seguirmos os conceitos cristãos ao pé da letra, a divindade de Deus é completamente separada de qualquer aspecto material. Assim, a Bíblia deve ser vista como apenas um veículo da palavra divina, nunca como uma faceta do Criador.

Um dos maiores estudiosos do cristianismo, o norte-americano Jaroslav Pelikan, em seu livro *Whose Bible is It?*, fala sobre o assunto quando aborda o *Unitatis Redintegratio*, decreto ecumênico do Segundo Concílio Vaticano.

Para ele, o evento, ocorrido entre 1962 e 1965, se refere à Bíblia com "certo amor e reverência, quase como um objeto de culto, entre os adeptos do protestantismo", o que, sem dúvida, é muito mal visto por aquela corrente de pensamento cristã. Porém, vale lembrar que a ideia da *Sola Scriptura* não pode ser acusada apenas como a única culpada pelas divisões no pensamento cristão.

Ver a Bíblia como única fonte de sabedoria divina pode ser até característico do pensamento católico, como muitos estudiosos acusam, mas a ideia em si não provoca cisões. A igreja ortodoxa, por exemplo, se separou da católica justamente por conter teologias bem diversas, e as divisões mais importantes podem ser atribuídas a ações de liberais e conflitos políticos.

No final do debate, resta apenas uma questão: por que para algumas pessoas é tão importante ver a Bíblia como uma fonte infalível? Muita gente ainda não se conscientizou que o mesmo fantasismo que permeia o extremismo islâmico, que leva os escritos do Alcorão ao pé da letra, acontece também no cristianismo.

A prova disso é que, em determinados festivais religiosos espalhados por diversos países católicos, inclusive no Brasil, há muito disso. A bibliolatria leva a conclusões errôneas sobre os ensinamentos contidos naquela obra e faz com que as pessoas acreditem que seguem uma tendência supostamente ditada por Deus, o que, claro, leva muitos a tirar proveito das mentalidades simples que se entregam a esse tipo de adoração.

Os próprios pesquisadores da Bíblia, quando enfocam esse assunto, chamam a atenção para um fenômeno típico da bibliolatria: quantas vezes, em lugares públicos ou mesmo durante o transporte, o leitor teve oportunidade de observar pessoas que leem a Bíblia comos e fosse um livro qualquer? E quantas vezes se pode notar que esse exemplar está cheio de anotações a caneta ou com trechos sublinhados que mostram claramente que a pessoa que lê está levando seu conteúdo ao literalmente?

O jornal alternativo *O Reformador* joga mais lenha na fogueira quando observa um fato curioso. Em seu livro, *O biblismo*, o padre Dubois de Belém diz o seguinte:

> A Bíblia Sagrada manda santificar o sábado, não o domingo; Jesus e Seus discípulos guardaram o sábado. São Paulo e seus companheiros também guardaram o sábado. Foi a tradição católica que honrando a ressurreição do Redentor, ocorrida num dia de domingo, aboliu a observância do sábado.

De fato o Catecismo Romano confirma em suas páginas o motivo dessa transferência: "A igreja de Deus, na pessoa do Santo papa, transferiu para o domingo a solene celebração do sábado. Este ato é um sinal de sua autoridade eclesiástica em assuntos religiosos".

O fato de os protestantes seguirem essa transferência é interpretado como uma "homenagem à autoridade da Igreja Católica". O mais estranho, nesse caso, é que, se as duas correntes de pensamento se dividiram justamente pela incoerência de seus dogmas, como um resolve homenagear o outro? Tudo isso seria por seguir um ponto proposto pela Bíblia: guardar um dia de descanso. Um hábito que pode muito bem ser confundido com bibliolatria, uma vez que nada obriga a seguir tal costume.

Por fim, vale colocar aqui uma opinião vinda de um católico. Assim, vamos ver o trecho de um artigo do Frei Silvestre Gialde, de Caxias do Sul, no Rio Grande do Sul, publicado originalmente no site Instituto Tecnológico Franciscano (www.itf.org.br):

> A problemática do fenômeno religioso e do fundamento religioso é uma questão impertinente. Na virada do século XIX, acentuava-se a profissão da fé a partir da verdade universal, dogmatizada e unilateral, de cima para baixo, sem a possibilidade de considerar os elementos dinâmicos, históricos e culturais. A religião pautava-se pelo princípio inquestionável: *Roma locuta, causa finita* [Roma falou, está decidido]. O problema religioso concentrava-se na condenação do modernismo através da *Encíclica Syllabus* (1864) de Pio IX. Destacavam-se a ritualização das celebrações e a moralização da pregação, tendo o Direito Canônico como fundamento determinante para todas as ações da Igreja católica. Nos tempos atuais, acentua-se o interesse pelas questões religiosas. Floresce o fenômeno religioso através do surgimento de inúmeras igrejas cristãs independentes, das filosofias devidas de inspiração oriental e dos movimentos católicos de espiritualidade. O fenômeno religioso da virada do milênio acentua o subjetivismo da fé, o simplismo ritual, o simbolismo celebrativo e o mercado da fé. Destacam-se, também, o fundamentalismo, o biblismo, o intimismo, o fanatismo, o panteísmo e o sincretismo religioso.

E por fim conclui:

> O fenômeno religioso irrompe e aparece de forma espontânea e instantânea. E pode desaparecer sem deixar marcas. Faz-se necessário a fundamentação para dar consistência à fé e à prática da fé, a intelligentia cordis, conforme Duns Scotus: o fundamento do coração (fé, graça e intenção) e o fundamento da razão (argumento, doutrina e convencimento). Com a crise da racionalidade conceitual, atesta-se, particularmente, a questão impertinente: a multiplicação do fenômeno religioso em muitas vias e a busca do fundamento religioso através do estudo, da reflexão e da pesquisa no campo da teologia, da Bíblia e da cultura religiosa.

Assim, só nos resta concluir que acreditar plenamente ou não nas palavras da Bíblia e torná-la um objeto de culto vai da disposição de cada um em ter a presença de Deus garantida com um punhado de palavras.

Capítulo 14
Ciência versus Religião

Já vimos que a maioria dos pesquisadores considera a Bíblia uma coleção de relatos com fundo religioso. A quantidade de pessoas que olham para aqueles escritos como uma fonte histórica confiável é pouca, apesar de várias descobertas arqueológicas confirmarem que muitos dos achados são importantes.

Canais de documentários na TV por assinatura já transmitiram programas diretamente das supostas ruínas de Sodoma e Gomorra e desenterraram os restos das muralhas de Jericó, supostamente da época de Josué.

Suposições

Esse é o problema que surge. Tudo que diz respeito à pesquisa bíblica vem acompanhado obrigatoriamente pela palavra "suposto". Há poucas evidências arqueológicas que comprovem uma história das escrituras com 100% de certeza. Apesar disso, os pesquisadores continuam a escavar e estudar resquícios antigos na Terra Santa que possam levar a um esclarecimento maior sobre o distante passado daquele pedaço do planeta.

A famosa briga entre ciência e religião já abraçou os diversos segmentos da narrativa bíblica. Um exemplo disso foram os recentes estudos conduzidos por equipes norte-americanas sobre a verdadeira origem do Sudário de Turim, o famoso pano que os fiéis acreditam ter envolvido o corpo de Jesus após a crucificação. Sobre isso a revista *Planeta* falou, em artigo de Paulo Urban, publicado em abril de 2001, referindo-se a um teste para comprovação da autenticidade, conduzido em outubro de 1988:

> João Paulo II, crendo na antiguidade do Sudário, autorizou o teste. Na madrugada de 21 de abril de 1988, em sessão solene, foi cortado dele um fragmento de 7 cm x 1 cm. Três laboratórios de renome foram selecionados para a prova realizada com todo rigor científico. Mas os

resultados foram decepcionantes para a Igreja que não viu confirmada sua crença; o Sudário não poderia ter envolvido o corpo de Cristo, era peça medieval, do século XII. Passado o impacto da notícia, desde então vários cientistas vêm pondo em dúvida a datação. As objeções são muitas. Já em 1988, o Prof. Júlio Duarte (Júlio César Teixeira Duarte, advogado e paleo-antropólogo, erudito na historiografia de Jesus) apontava que a datação não seguira o protocolo conforme estabelecido pelo Doutor Willard F. Dibb, prêmio Nobel de Química em 1960, criador do teste. Ele pede que se queime 1/6 da amostra original para que o resultado seja preciso, o que obrigaria cortar mais de 1m do Sudário, razão pela qual a Igreja sempre se opusera a esta prova. Além disso, são necessários minimamente 10g de material, e as tiras de linho não pesavam sequer 50mg. "Mesmo com o aprimoramento da técnica", dizia Júlio, "a permitir que se queime um ínfimo fragmento do Sudário, temos que levar em conta que o pano sofrera o incêndio de 1532, capaz de prejudicar um teste assim".

Sempre houve esse tipo de embate entre ciência e religião. Uns acusam os outros de serem forças opostas e, até certo ponto, canibais umas das outras. Seria possível que ciência e religião tenham algum dia o mesmo ponto de vista? Os últimos relatos de pesquisas nesse sentido parecem utilizar a tecnologia moderna quase em seu limite, porém apresenta sempre provas de que, quanto mais se corre atrás de uma evidência divina, menos se encontra.

A briga pelo sudário de Turim

O sudário mais famoso da Igreja, uma vez que não podemos esquecer que há outras relíquias religiosas que se dizem também sudários de Cristo, como o de Oviedo, na Espanha, e o de Verônica, em Manopello, na Itália, já foi alvo de controvérsias e acusações de profissionais científicos e religiosos de ambos os lados. Os defensores da fé católica acusam os cientistas de querer derrubar dogmas religiosos com suas provas de falsificação, enquanto os estudiosos afirmam que a fé cega dos crentes não os permite enxergar que podem estar frente a frente com uma farsa histórica. Vamos ver como começou essa briga de anos.

A história moderna do sudário começou em 1898, quando Secondo Pia, um advogado que era conselheiro da cidade de Turim, recebeu a incumbência de fotografar a relíquia religiosa por ocasião dos 400 anos em que o pano estava na cidade. Quando foi revelar as fotos, ele observou pasmo que os negativos mostravam uma imagem oculta que ficava mais nítida do que a observada no próprio pano. O que se revelou foi um corpo anatomicamente perfeito. De Pia vamos para um médico, Pierre Barbet, que, por volta de 1930, escreveu um livro, *A paixão de Cristo segundo o cirurgião*.

Ao estudar o mecanismo da crucificação, resolveu fazer alguns experimentos com cadáveres e percebeu que a imagem do Cristo pregado na cruz pelas palmas não correspondia à realidade, pois o peso do corpo faria com que o condenado as rasgasse e caísse da cruz. Conta o artigo da revista *Planeta*:

> Os romanos perfuravam os punhos, inserindo os pregos numa fenda anatômica hoje chamada "espaço de Destot". Com a lesão do nervo radial, ocorria a retração dos polegares para as palmas.

Esse conceito confirmava o que a foto de Pia revelara que as chagas estaria sobre os punhos. Barbet, animado com os resultados, resolveu então contar as marcas de açoite que a figura contina. Foram no total 121 marcas feitas com a utilização de um chicote romano chamado *"flagrum taxilatum"*.

Esse instrumento apresentava bolas de chumbo nas pontas, que provocaram 600 ferimentos por todo o corpo, menos o coração, que era uma região proibida para o uso daquele chicote.

A análise da figura do Sudário concluía que se tratava de um homem com aparência de uns 35 anos, 1,82m de altura, 81 quilos, e que fora chicoteado por dois carrascos, um era mais alto do que o outro. Outras conclusões da análise de Barbet incluem os hematomas espalhados por todo o corpo e rastros se sangue que, de acordo com os cadáveres que ele mesmo experimentara em cruzes modernas, eram compatíveis com essa posição. Constata a coroa de espinhos sobre a cabeça da figura e encontra lesões nos ombros que carregaram a trave horizontal da cruz, o que quebra a imagem mais tradicional de Cristo levando a cruz inteira.

Ainda há sinais de que o nariz foi fraturado, sinal de que o homem tivera quedas com o peso da trave, algo próprio de quem caminha até o Calvário. Também foram encontrados sinais de uma ferida no flanco esquerdo, feita por uma lança, localizada no "quinto espaço intercostal no tórax e daí, o coração, de onde jorrou sangue e soro, a conferir com o relato de Jo 19,34", segundo o artigo. A conclusão do pesquisador é que aquele homem morreu por asfixia.

Pulemos agora para o ano 1973. Um suíço, o doutor Max Frei Sulzer, renomado criminologista, fundador e durante vinte e cinco anos diretor do serviço científico da Polícia de Zurique, na Suíça, entrou em cena. Seu objetivo era recolher, por meio da utilização de fitas adesivas, amostras de pólen que pudessem estar fixadas no linho. Foram detectados no total 58 tipos diferentes de substâncias, entre plantas francesas, italianas e da Turquia Oriental, algumas delas extintas e que só havia na Palestina há dois mil anos.

Cinco anos depois surge um projeto da NASA, chamado STURP (Shroud of Turin Research Project [Projeto de Pesquisa do Sudário de Turim]. Vejamos uma definição:

> Esse grupo era formado por 40 cientistas americanos, especializados nas mais diversas áreas: biologia, genética, química, física, entre outras. Os diversos estudos e testes realizados comprovaram em vários aspectos a autenticidade do Santo Sudário, e os resultados foram oficialmente divulgados após a reunião de encerramento, convocada em maio do ano 1981, em Nova Londres. Apenas um dos componentes do grupo afirmou que o Sudário era uma falsificação, Walter McCrone, mas seu embasamento teórico era falho e este sequer compareceu às reuniões para defender sua tese. Enfim, o Grupo STURP foi fundamental para precisar a veracidade do sangue humano encontrado no Sudário e, sendo assim, a vida e morte de Cristo.

Curiosamente, foi o STURP quem mais defendeu a autenticidade do Sudário, embora possua membros que vão pela opinião contrária. Entre aqueles que defenderam estava o doutor John Heller, um especialista em porfirinas, que são pigmentos de cor púrpura e de origem natural cuja estrutura é a razão para que seus derivados absorvam luz a um comprimento de onda próximo dos 410 nm, o que lhes dá uma cor característica.

Foi ele quem revelou que havia sangue sobre o pano, do tipo AB, característico entre o povo judeu. Claro que outros aspectos da peça foram igualmente investigados com todo o cuidado. Por exemplo, o estudo do tecido mostrou que fora "trançado como espinha de peixe, propriamente o tipo fabricado manualmente na Palestina". Nessa trama foram identificados vestígios de um algodão que, segundo os especialistas, jamais foi cultivado na Europa durante a Idade Média, o *Gossypium herbaceum*. Somente esse dado derrubaria a afirmação de outros pesquisadores de que o Sudário era de origem medieval.

O computador V8, o mesmo usado para avaliar imagens do planeta Marte pelas naves Viking, entrou em cena para analisar o sudário. Foi então que se constatou que a imagem impressa é tridimensional, o que eliminaria qualquer teoria de conspiração que afirma ter sido pintada. Inclusive derrubaria uma tese predileta de uma das fontes em que o livro *O código da Vinci* foi baseado, feita pela escritora Lynn Picknett, que chegou a afirmar na obra Revelação dos templários que a imagem havia sido pintada por Leonardo da Vinci como um retrato dele mesmo.

Fotos feitas sobre o rosto revelaram mais alguns dados impressionantes. Há sobre as pálpebras moedas com inscrições que as identificam como sendo cunhadas entre 29 e 32 d.C. por ninguém menos que o famoso Pôncio Pilatos, conhecidas como "*dilepton lituus*". Para alguém que creia na autenticidade da peça, essas já seriam provas mais que suficientes para acreditarmos nela. Então, por que os pesquisadores insistem no estudo mais detalhado? Novamente consultemos o artigo já citado:

> As provas a favor da autenticidade já são tantas e incontáveis que o C14, que restava até há pouco como único empecilho, cada vez mais perde seu prestígio. E tal exame foi há pouco fulminado pelas descobertas que trazem uma reviravolta para o caso: o bioquímico Doutor Leôncio Garça Valdez, da Universidade de San Antonio (Texas), à microscopia eletrônica examinou fibras de linho do Sudário, sobra de amostras retiradas para a datação pelo C14, e descobriu uma verdadeira "capa bioplástica" produzida por bactérias e outros contaminantes presentes no tecido, capazes de absorver o isótopo radioativo do carbono, razão suficiente para alterar o cálculo de sua idade. Indo adiante, Garça Valdez, analisando fios retirados da nuca da imagem do Sudário, além de sangue, identificou traços da madeira do patíbulo e concluiu tratar-se do roble, um tipo de carvalho, e não o pinho, como antes se pensava.

Para piorar um pouco mais a situação, entram em cena os esotéricos, pessoas que estudam os mistérios históricos e levantam teorias as mais confusas para confundir ainda mais a cabeça dos crentes.

Por exemplo, dois livros dos escritores, o norte-americano Christopher Knight e o britânico Robert Lomas, *As chaves de Hiram*, de autoria dos dois, e *O Segundo Messias*, de autoria somente de Knight. Nessas duas obras, a teoria apresentada é a de que o Santo Sudário não seria bem santo e que o pano teria enrolado o corpo de Jacques de Molay, o último grão-mestre dos templários, queimado na fogueira em 1307.

O pano teria servido para envolvê-lo alguns meses antes de sua execução. Do lado dos céticos, a coisa fica ainda mais complicada. Há algum tempo, quando o teste do carbono 14 revelou que a peça seria medieval, os religiosos que defendem sua autenticidade alegaram que um incêndio que aconteceu em 1532 e que marcou o Sudário, teria de alguma forma influenciado nos testes de autenticidade.

Essa desculpa foi combatida por uma declaração feita por um microquímico norte-americano, o doutor Walter McCrone em artigo do site Dicionário Céptico:

> A sugestão de que o incêndio de 1532 em Chambery teria alterado a data do tecido é risível. As amostras para a datação por carbono são rotineira e completamente queimadas e transformadas em CO_2 como parte de um bem testado procedimento de purificação. As sugestões de que contaminantes biológicos modernos seriam suficientes para modernizar a data também são ridículas. Seria necessário um peso de carbono do século 20 correspondente a duas vezes o do carbono do sudário para se alterar uma data do século 1 para o século 14 (veja o gráfico do Carbono 14). Além disso, as amostras do tecido de linho foram limpas com muito cuidado antes da análise em cada um dos laboratórios de datação por carbono.

Ele complementa sua alegação com uma explicação do motivo de, para ele, o sudário ser mesmo uma pintura. Segundo ele, a inspeção cuidadosa que ele mesmo realizara em 1979, revelou sinais de pigmentos espalhados por uma têmpera de colágeno, que nos tempos medievais era produzido à base de pergaminho e usado na época para cópias de obras literárias.

E esses pigmentos são nas palavras do especialista "quimicamente e distintamente diferentes em composição do sangue humano". Nos anos seguintes uma nova série de testes foi realizada. As radiografias indicaram presença de ocre vermelho (óxido férreo, hematite), além de cinabrino, ferro, mercúrio e enxofre em várias amostras da área da imagem. Assim, os resultados obtidos pelo doutor McCrone revelariam que a imagem "foi pintada duas vezes, uma vez com ocre vermelho, seguido por cinabrino para aumentar as áreas de sangue da imagem".

O criacionismo e o evolucionismo

Se a Bíblia é tão taxativa quando afirma que a origem do ser humano aconteceu no Jardim do Éden, onde fica a teoria de Charles Darwin de que descendemos do macaco?

Essa é a grande questão que coloca ciência e religião em um conflito quase eterno, em que ambos os lados procuram levar algum tipo de vantagem para impor suas ideias. Em artigo publicado na revista eletrônica *Com Ciência* (www.comciencia.br), o articulista Isaac Epstein, professor da Unicamp, explica esses dois conceitos opostos, conhecidos como criacionismo, ou seja, a origem bíblica, e o evolucionismo, a teoria de Darwin:

> O criacionismo e o evolucionismo são duas propostas contraditórias que dizem respeito à ocorrência temporal de um fenômeno: a origem do homem. A primeira, criacionista radical, adotada pela teologia judaico-cristã, foi expressa com surpreendente precisão pelo bispo anglicano de Armagh, Usher, no final do século XVII, que decidiu, baseado em textos bíblicos, que o mundo tinha sido criado precisamente no ano 4004 a.C., juntamente com todas as espécies tal como existem atualmente. A segunda, o evolucionismo, adotada pela ciência, propõe que o universo surgiu há cerca de mais ou menos 13 bilhões de anos atrás, a vida em nosso planeta, com suas formas mais primitivas de organismos unicelulares, há cerca de 3,5 bilhões de anos.

Vamos ver agora alguns pontos sobre essas teorias tão díspares. A fé religiosa apoia o criacionismo, que por sua vez é apoiado em "evidências cosmológicas, geológicas, arqueológicas e antropológicas", segundo Epstein. Essa corrente se recusa a aceitar uma parte das ciências naturais, nomeadamente aquelas que descrevem a história do planeta e da vida que nele nasceu e cresceu. Não há espaço no criacionismo, por exemplo, para australopitecos ou dinossauros.

O evolucionismo, por sua vez, se baseia principalmente nos fósseis de antigas criaturas encontrados com o passar dos anos. É em geral aceito pela totalidade dos cientistas, apesar de presentar, na opinião de alguns especialistas, inclusive na do próprio Epstein "pontos obscuros ou ainda não totalmente absorvidos pela teoria da evolução".

Hoje em dia, podemos falar tranquilamente de duas correntes principais de criacionismo que se baseiam em argumentos que visam derrubar evidências evolucionistas. A primeira é conhecida como neocriacionismo, uma corrente surgida na década de 1920 nos Estados Unidos, também conhecida com o nome de Planejamento Inteligente. Esse movimento defende a criação de todos os seres vivos por uma entidade inteligente. Os grupos religiosos ligados a essa corrente de ideias lutam para que seja o ensinamento predominante nas escolas de ensino público, ou que pelo menos seja também apresentada em pé de igualdade com a versão evolucionista.

Porém, um juiz proibiu que suas ideias fossem ensinadas porque considerou essa tendência como "o criacionismo clássico travestido de pseudociência". A segunda corrente é a do criacionismo original ou clássico, ou seja, a versão mais ligada à do Velho Testamento. Uma pesquisa recente do Instituto Gallup revelou que 90% dos norte-americanos acreditam num Deus criador, e destes, 45% creem que a criação do mundo se deu exatamente como descrito pela Bíblia. Isso significaria que quem acredita em Deus é um criacionista?

Nem sempre. A mesma pesquisa demonstrou que há uma tendência entre os componentes da Academia Nacional de Ciências dos Estados Unidos. Cerca de 10% de seus integrantes creem numa Divindade Superior sem serem necessariamente criacionistas. Há aqueles que são considerados como evolucionistas teístas, entre os quais o mais conhecido é o biólogo norte-americano Francis Collins, que repudia o criacionismo em seu livro de 2006, *A linguagem de Deus*.

Com o tempo, vários argumentos foram apresentados como opostos ao criacionismo, sendo os mais conhecidos:

1) O criacionismo não pode ser considerado como uma ciência, sequer como uma teoria, já que uma teoria requer análises, estudos, testes, experiências, modificações e, finalmente, adequações. Também é argumentado que uma teoria evolui com o decorrer do tempo, à medida que o ser humano amplia seus conhecimentos e suas descobertas. Assim, é uma atitude natural que a ciência, nesse contexto, não pode nem afirmar nem negar que o criacionismo seja verdadeiro. Portanto, seria uma teoria considerada "não falseável" e, portanto, não científica.

2) A evolução, ou seja, o evolucionismo é uma estrutura teórica. É incompleta em alguns pontos, como alguns argumentam, porém apresenta-se mais bem definida, já que foi colocada pela ciência para ser discutida, preenchida e alterada. Já o criacionismo é construído com uma grande variedade de ideias, que muitos pesquisadores consideram, de acordo com o livro do já citado Collins, como "sem uma unidade estabelecida, criada por centenas de religiões e mitos de hoje e/ou de outros tempos". Esse aspecto pode ou não caracterizar uma origem comum para essas ideias.

3) A evolução é uma teoria totalmente baseada em descobertas de fósseis ou em experiências biogenéticas realizadas, enquanto o criacionismo é uma obra abstrata e completamente desprovida de bases científicas reconhecidas.

4) Há argumentos neocriacionistas que se valem de recentes descobertas da ciência que seriam falsas a fim de provar a verdade de qualquer crença.

5) O evolucionismo se concentra na busca por explicações para os eventos da natureza, enquanto o criacionismo adapta eventos naturais à sua própria visão de mundo.

O Portal do Espírito explica o embate criacionismo *versus* evolucionismo da seguinte maneira:

> Pode-se, a partir daí, perceber o embate que apareceu entre criacionismo e evolucionismo. De um lado, religiosos classificando os cientistas de hereges. De outro, toda uma comunidade científica se aprofundando sobre a questão da formação do Universo, do planeta Terra e dos seres vivos. Para alguns teólogos, o planeta teria em torno de 6500 anos. Para os cientistas, a média seria de 5 bilhões de anos. Hoje não há dúvida sobre esta datação. As técnicas radiológicas, que usam a chamada meia-vida dos elementos radioativos, mostram-nos que é impossível uma idade tão curta para o planeta como querem afirmar os criacionistas. A Igreja Católica, depois de relutar tanto com os cientistas, já aceita a evolução das espécies como verdade irrefutável. A mesma Igreja que outrora combateu o evolucionismo de Darwin, hoje prega que a história bíblica da criação é uma alegoria que deve ser discernida pelas luzes da ciência. O espiritismo desde sua fundação com o lançamento de 'O livro dos Espíritos' já demonstrava uma posição evolucionista, sem para isso tirar Deus da temática da criação.

O que o autor desse artigo esquece é que ainda há certos setores da Igreja Católica que assumem a versão criacionista como verdade absoluta. A posição da corrente espírita baseada nos ensinamentos kardecistas vai mais longe e se lança como uma das que já assumiam uma posição evolucionista desde o início. Ou seja, como complementa o artigo:

> Nós, espíritas, sabemos que Deus é o princípio de tudo, mas nem por isso precisa derrogar Suas Leis e criar tudo como um passe de mágica. Se assim fosse, Deus não seria Deus, seria um "Mandraque" que, através de uma palavra, criaria tudo que existe no Universo e no planeta Terra.

Como podemos ver, o embate entre ciência e religião cobre os extremos da questão da autenticidade de peças religiosas ao posicionamento filosófico sobre como o mundo foi criado. Nem todos levam a Bíblia ao pé da letra, o que leva a descobertas inéditas e fascinantes sobre nossas verdadeiras origens.

E depois, como podemos ver, essa batalha não deve se resolver tão cedo. Basta apenas ficar de olho nos noticiários e aguardar para que, um dia, haja um ponto de vista comum a essas duas correntes de pensamento.

Capítulo 15
As informações polêmicas e proibidas

Os Arquivos Secretos do Vaticano sempre estiveram envoltos em polêmica. Isso porque a imagem que se tornou comum ao público era que eles possuiriam, como nos arquivos do FBI, informações sobre pessoas de destaque, grupos e seitas que iriam contra as doutrinas da Igreja e até provas de que existiriam extraterrestres.

Como o acesso sempre foi difícil, até mesmo para os acadêmicos que deles necessitavam, muitos espalharam notícias ainda mais capciosas sobre seu verdadeiro conteúdo.

O que nos vem à mente é uma imagem do Vaticano atrelada a polêmicas, e mais parece um vilão de filmes de aventura do que uma instituição séria. Será que eles teriam mesmo todo esse poder só porque mantêm um setor de documentos como os Arquivos Secretos? Vamos olhar casos recentes que mostram o quanto essa imagem insiste em permanecer.

O Vaticano e os Beatles

Comecemos com uma notícia de abril de 2010, que envolve ninguém menos do que aquela que é considerada a maior banda de *rock* de todos os tempos: os Beatles. Em 1965, John Lennon, talvez levado pelo excesso de fama de seu grupo, declarou que "eles eram mais populares que Jesus Cristo", o que provocou um grande mal-estar em cristãos do mundo todo, que chegaram a queimar álbuns da banda em praça pública.

Lennon teve de se retratar para acalmar os ânimos e poder continuar com suas polêmicas. Em 2010, completou-se 40 anos da separação do grupo, que ocorreu em 1970. Porém, tal observação não passou despercebida pela Igreja Católica, que o colocou em uma espécie de lista de indivíduos perigosos para a doutrina.

Boatos não confirmados dizem que seus discos solo não teriam o mesmo sucesso dos demais ex-companheiros porque os cristãos mais ortodoxos não teriam perdoado a ofensa ao ícone máximo da Igreja, e que Lennon só teria sua ficha limpa em 2006.

Em artigo datado de abril de 2010 o jornal do Vaticano, o *L'Osservatore Romano*, acrescentou sobre o incidente a versão oficial da Igreja: "A declaração de John Lennon, que provocou tanta indignação nos Estados Unidos, depois de todos estes anos soa como uma bravata de um jovem proletário inglês às voltas com um sucesso inesperado". As declarações continuam em tom condescendente, como se fosse mesmo uma espécie de perdão oficial da Igreja perante os abusos da banda na época:

"É verdade que eles tomaram drogas, viveram uma vida de excessos por causa do seu sucesso, e até disseram que eram mais famosos do que Jesus. No entanto, ao ouvir suas canções, tudo isso parece distante e insignificante. Eles podem não ser o melhor exemplo da juventude da época, mas não eram, de maneira nenhuma, o pior. Suas belas melodias mudaram a música e continuam a dar prazer".

O editor do jornal, Giovanni Maria Vian, afirmou ser fã do grupo e os chamou, em outro trecho, de "pedra preciosa": "As belas melodias que mudaram para sempre a música *pop* e ainda nos emocionam vivem como uma pedra preciosa".

Alguns dias depois, foi a vez do baterista do grupo, Ringo Starr, se meter na polêmica. Em entrevista para a rede de televisão CNN, comentou o suposto perdão do Vaticano à sua antiga banda, que, em outro trecho do tal artigo, chegou a classificar as supostas mensagens misteriosas deixadas por eles em seus álbuns de "satânicas". Diz Ringo: "O Vaticano não disse que éramos satânicos? Possivelmente satânicos e eles ainda nos perdoam. Acho que o Vaticano tem mais do que falar além dos Beatles".

Pode parecer que o caso não tenha relação alguma com os Arquivos Secretos do Vaticano, mas por muitos anos circulou entre a comunidade *beatle*, e até mesmo entre os historiadores do mundo do *rock*, a história de que os padres da Igreja teriam escondido por lá arquivos extensos sobre as supostas atividades religiosas da banda, e mantinha fichas individuais com os gostos e desgostos de cada componente.

John Lennon teria sido considerado por eles uma "ameaça em potencial" e provocado uma onda de observação sobre seus projetos solo. Alguns até arriscaram que o assassino de Lennon teria sido programado não pela Máfia ou pelo FBI para matá-lo, dando o crédito inteiramente a um círculo interno de poder da Igreja ligado aos Arquivos Secretos.

Teorias de conspiração à parte, o fato é que os Beatles sempre causaram polêmica para quem era ligado a eles de maneira direta ou indireta. E pelo jeito ainda vão causar mais um pouco de comentários até que suas lembranças sejam por fim apagadas do convívio popular.

Missas pagas

O terceiro caso que exemplifica o tipo de polêmica comumente associada ao Vaticano aconteceu também em 2010. Em setembro, o papa realizou uma visita à Grã-Bretanha, um país sabidamente anglicano e há séculos separado dos católicos. Os noticiários relataram que os fiéis teriam de pagar uma "entrada" para poder assistir às missas que lá seriam realizadas.

O porta-voz do Vaticano, padre Federico Lombardi, disse que a decisão de pedir, pela primeira vez, uma contribuição aos fiéis para a viagem do papa foi tomada pela Igreja local junto com as autoridades civis. Ele declarou para a Rádio Vaticano:

> Os custos da organização da visita são de quem convida. O Vaticano não estabeleceu a medida. São modos de organização decididos pela Igreja local, levando em conta as necessidades. Li e ouvi observações sem fundamento. Para alguns, o Vaticano vai pedir aos fiéis que paguem ingresso para assistir à missa. Tudo isso é equivocado. O papa viaja a um país porque foi convidado pelas maiores autoridades desse estado, no caso, a rainha e o governo, seguidos pela Igreja local. Portanto, o custo e as obrigações com a organização estão a cargo dos solicitantes.

Assim, a Igreja britânica informou que, de fato, os boatos eram verdadeiros e que os peregrinos interessados em assistir às missas teriam de pagar até 30 euros para assistir às celebrações. O dinheiro arrecadado seria usado para pagar um aluguel de ônibus, por exemplo, e incluiria uma "mochila do peregrino" que traria instruções sobre o evento, um disco compacto comemorativo e um cartão postal. Essas informações foram confirmadas por um dos porta-vozes da Igreja Católica da Inglaterra e do País de Gales.

Lombardi ressaltou que a ideia estaria equivocada e que o dinheiro arrecadado seria para cobrir os gastos da viagem do papa, que os peregrinos cobririam suas despesas e que não seria uma entrada paga para as missas. A imprensa britânica calculou os gastos da viagem do papa em cerca de 23 milhões de libras (27,4 milhões de euros que equivalem a 35,5 milhões de dólares e 62,3 milhões de reais).

Os países protestantes, claro, se declararam indignados com essas medidas, mas o governo britânico liberou cerca de 12 milhões de libras

(14,5 milhões de euros ou 18,5 milhões de dólares ou 32,5 milhões de reais) para garantir a segurança e a polícia.

Esse é apenas um exemplo do que pode gerar uma polêmica. Os países protestantes aproveitaram para propagar que a medida de cobrar pelas missas é apenas uma maneira de o Vaticano mostrar sua verdadeira face. Os católicos contra-atacam afirmando que essa medida serviu apenas para cobrir uma despesa, uma prática comum em qualquer organização e que poderia gerar uma espécie de "mal necessário" para que os fiéis daquele país não católico pudessem contribuir para a fortificação da fé por lá.

Falência contínua

E o que isso tem a ver com os Arquivos Secretos? Como vimos, um tipo de documento que é mantido por lá e do qual muitos se esquecem é justamente o papel administrativo, documentos que comprovam as despesas da Santa Sé com as atividades que exerce.

Para muitos, o controle dos gastos seria uma prova de que o Vaticano, de fato, gasta bem mais do que ganha, e que está em uma espécie de falência contínua. Isso, com certeza, explicaria atitudes como essa, de cobrar uma taxa para que os católicos do Reino Unido pudessem assistir às missas papais, embora não justifique uma atitude dessas.

Porém, é uma prática muito usada pelos evangélicos em países como o nosso e, nesses casos, ninguém reclama. Mas basta os católicos partirem para o mesmo jogo, e a chuva de reclamações começa. Seja como for, o fato é que muitos se acostumaram a ligar a Igreja Católica a ações humanitárias, portanto acham inadmissível que o Vaticano, com toda a sua riqueza, continue a cobrar por seus serviços, ou mesmo que organize eventos nos quais os peregrinos é que pagam. Nada disso é justificável, mas a polêmica está lançada, e com certeza deverá assombrar os corredores do pequeno país por muito tempo.

Os locais cristãos

Se voltarmos um pouco no tempo, chegaremos a 2009, quando outra polêmica foi levantada em maio. O presidente israelita Shimon Peres manifestou uma defesa pela transferência da soberania sobre cinco locais sagrados para os cristãos. Há muito tempo, o Vaticano pede soberania sobre esses locais, que incluem a Igreja da Anunciação em Nazaré, o Cenáculo em Jerusalém, que seria o local da última ceia, e a Igreja da Multiplicação, no Lago Tiberíades.

O presidente israelense ia contra recusas anteriores de seus antecessores, que sempre se opuseram a que a responsabilidade sobre esses locais fosse cedida. Em 2004, anunciou-se a intenção de um acordo com a Santa Sé para a transferência da soberania, o que acabou por não se concretizar.

A medida tomou proporções enormes quando da visita de Bento XVI a Israel. O ministro do interior, Eli Yshai, declarou que "o objetivo do papa era o de não causar mais danos e não ganhar a soberania", segundo o jornal Jerusalem Post. Já para o ministro do turismo, Stas Meseznikov, a opinião é a seguinte:

> Se tivéssemos a certeza de que esse presente ao mundo cristão traria milhões de peregrinos, então teríamos uma boa razão para pensar nisso. Mas, como não temos a certeza do que vai acontecer, por que devíamos dar presentes?

O site Israel Today afirmou que o ministro se referiu ao fato de os católicos nunca terem apoiado Israel, já que o estado hebraico tem apoio cristão, que, na verdade, vem de fora da estrutura da Igreja Católica. Os cristãos que apoiam Israel vêm de denominações cristãs evangélicas.

O mesmo artigo afirma que o ministro do interior acrescentou que qualquer concessão como a dos lugares "limita a capacidade do governo israelita funcionar como um governo soberano na área", segundo o site Mundo PT, em notícia datada de 4 de maio de 2009.

Outra "lenda" que liga os Arquivos Secretos do Vaticano ao assunto é que, em meio às prateleiras cobertas de poeira dos documentos mais antigos, estariam papéis que dariam posse legítima dos lugares sagrados para a Igreja Católica. O problema, segundo essa "lenda", é que a Igreja tenciona obter a posse dos locais de maneira legal, sem precisar recorrer aos famosos papéis a que ninguém tem acesso.

E tudo isso seria um exagero? A verdade é que, se analisarmos corretamente, a quantidade de lendas ligadas aos Arquivos Secretos é tamanha que, praticamente, para cada escândalo noticiado haverá um ou outro comentário que fará essa ligação. É quase possível ver uma legião de conspiracionistas de olho nos deslizes do Vaticano e criando cada uma dessas histórias.

O holocausto e a omissão do papa

Uma antiga polêmica ligada aos Arquivos Secretos é que lá haveria documentos do pontificado de Pio XII (que para muitos é o papa mais polêmico da história recente da Igreja), nos quais fica claro que ele teria se omitido durante o auge do nazismo e não ajudado os judeus a escapar de sua sina.

Em 2008, os antigos sentimentos voltaram quando foi anunciada a beatificação de Pio XII. A comunidade judaica mundial se manifestou contra o papa que, segundo eles, não teve coragem para denunciar o nazismo ou as deportações de judeus, ou ainda para excomungar Hitler, conforme lhe pediam muitos bispos.

Juan Arias, correspondente do jornal *El Pais*, da Espanha, publicou um artigo sobre o assunto, que foi reproduzido pelo jornal *O Estado de S. Paulo*. Ele conta:

> (Os anúncios da canonização) me fizeram lembrar a ocasião em que o conheci, quando ainda era um estudante de teologia na Pontifícia Universidade Gregoriana de Roma, a mesma pela qual ele obtivera seu doutorado alguns anos antes. Tinham me pedido que acompanhasse uma pessoa durante audiência com o papa Eugenio Giuseppe Pacelli. Naquele momento, o Vaticano era para mim um mundo misterioso, no qual o papa usava todos os símbolos herdados do paganismo, como a tiara ornada com pedras preciosas, a cadeira gestatória, os leques gigantescos e os cardeais arrastando uma cauda de seda vermelha de oito metros. Era a época em que, ao se aproximar do papa, tínhamos de nos ajoelhar e beijar-lhe a 'sandália sagrada'. A sandália às vezes era vermelha e, às vezes, branca. A que beijei era branca. O secretário do papa ajudou-me a levantar do chão. Lembro da figura sacerdotal, quase de cera, daquele papa chamado de *Pastor Angelicus* por causa de sua aura de mistério e espiritualidade. Não parecia ser de carne e osso. Falou comigo como se falasse ao vazio. Lembro-me do seu nariz adunco, de seus olhos fundos e de seu olhar penetrante.

O jornalista continua dizendo que talvez nunca se saiba a verdade sobre a posição que Pio XII tomou durante aqueles anos sombrios, já que sua família fazia parte da nobreza romana, pois "muitos dos documentos daquela época foram misteriosamente destruídos". Sabe-se que sua atitude teria sido diplomática ao se preocupar em não criar problemas para a Igreja e para o Vaticano, evitando algo que para ele era visto como um "mal menor".

E se esses documentos existem de fato, seria possível adivinhar onde dizem que estão? A polêmica foi tamanha que o então papa Bento XVI adiou a assinatura da canonização diante dos protestos da comunidade judaica mundial e de muitos cristãos progressistas. Sobre essa decisão, Arias acrescentou que talvez fosse um sinal de que o próprio papa não estaria convencido sobre a sinceridade de seu antecessor:

> Se, ao contrário, o papa estiver convencido da santidade de Pio XII, não se deve deixar intimidar pelo medo de atrair a inimizade da comunidade judaica e do Estado de Israel, com o qual o Vaticano mantém relações diplomáticas. A Igreja não deve misturar motivações espirituais com motivações mundanas ou diplomáticas.

Nunca se deixou escapar se haveria algo nos Arquivos Secretos que justificasse tal decisão. Mas é interessante ver que se trata de uma reação pública contrária ao caso de João Paulo II, cuja canonização foi apressada por causa do mesmo público que, hoje em dia, condena Pio XII.

E a pergunta que fica é se esse tipo de atitude é justificada. O fato é que hoje sabemos que o pontificado daquele papa tinha muitas dúvidas sobre sua real atitude, que foi considerada por muitos como, no mínimo, passiva diante do nazismo e das perseguições aos judeus, bem como o foi o final de sua vida. Arias chama a atenção para a vida do pontífice ao relatar:

> (Pio XII) era duplamente prisioneiro: do Vaticano e de sua poderosa secretária, a devota sor Pasqualina, que ele trouxe da nunciatura de Berlim, sem o consentimento da qual ninguém, nem mesmo os cardeais, podia se aproximar do papa moribundo. Contaram-me, a partir de uma fonte muito próxima ao papa, que ela não quis lhe dizer que ele estava morrendo, e por isso Pio XII não pediu que lhe dessem a extrema-unção. Teria morrido, assim, sem receber os últimos sacramentos. Sor Pasqualina, de pele branca como a neve e maçãs do rosto rosadas, que impunha autoridade, amenizava a agonia do pontífice com música clássica e uma série de canários engaiolados cujo trinar Pio XII adorava. Até seu médico pessoal, Ricardo Galeazi Lisi, permitiu-se fotografar o papa agonizante em posições pouco decentes, fotos das quais algumas apareceram em importantes revistas estrangeiras. Galeazzi acabou sendo expulso do colégio de médicos da Itália.

E isso não é tudo: o sucessor de Pio XII, João XXIII, teve atos que mostravam claramente que ele sabia a fama que pairava sobre aquele que veio antes dele. Quando sua doença se agravou, ele chamou seu secretário particular, Loris Capovilla, e pediu que lhe dessem a extrema-unção e que "preparassem suas malas" para a Grande Viagem, caracterizando seu bom humor. Isso, para muitos, mostra que ele se preocupava não ter a mesma fama que seu antecessor.

Outro ato que deixou muita gente de cabelo em pé foi o fato de João XXIII ter deixado escrito em seu testamento que não deixava nada para sua família porque "havia nascido pobre e morria pobre".

Já Pio XII, antes de morrer, concedeu títulos de nobreza a todos os seus familiares. Uma atitude, de fato, nada digna de alguém que escolhera o nome Pio, de piedoso. As comunidade judaica não deixou por menos e logo se manifestou quando soube da notícia. Acusou novamente o antigo papa de antissemita e de não ter elevado a voz contra Hitler, algo que foi sempre negado pelo Vaticano, a ponto de, no Memorial do Holocausto de Jerusalém, colocarem uma fotografia de Pio XII, com uma epígrafe no mínimo polêmica que o acusa de "ter se calado enquanto milhões de judeus eram conduzidos aos campos de extermínio".

Em 2009, Bento XVI foi aconselhado a não viajar para Israel até que o Estado judeu tirasse a foto do memorial. Com a recusa das autoridades israelenses, houve um meio termo: o papa visitaria o memorial, mas não veria a imagem e a epígrafe dedicadas a Pio XII.

Toda a polêmica gira em torno do silêncio do antigo líder católico. Quais seriam suas verdadeiras intenções? Há quem afirme que os Arquivos Secretos possuem documentos que mostrariam muito da verdade sobre esse fato, mas até o momento nada foi confirmado, restringindo-se apenas ao campo das especulações.

Foi o povo português que se juntou aos lamentos pela decisão de canonizar Pio XII. Em artigo publicado em dezembro de 2009, pelo portal I On Line vemos o seguinte:

> Colocar Pio XII a um passo da santidade é uma coisa que não agrada a nenhum judeu. Mas agradou a Bento XVI e, com a agora anunciada proclamação como 'venerável' do líder da Igreja Católica durante a II Guerra Mundial, o papa provocou a ira da comunidade judaica. A reação de Israel não se fez esperar. 'O processo de beatificação não nos diz respeito, é um assunto da Igreja Católica. Quanto ao papel de Pio XII, é para os historiadores avaliarem e, por isso, desejamos a abertura dos Arquivos do Vaticano durante a II Guerra Mundial', disse à AFP o porta-voz do Ministérios dos Negócios Estrangeiros, Yigal Palmor. Também a comunidade judaica portuguesa prefere ver os ficheiros secretos para crer que o papel de Pio XII foi mais do que o silêncio complacente perante o holocausto.

Para o portal e para a maioria dos judeus portugueses, apenas a abertura dos Arquivos Secretos correspondentes é que poderia revelar o verdadeiro Pio XII. Até o momento, porém, não se sabe o que o Vaticano decidiu sobre esse assunto.

A reconciliação das Igrejas católica e anglicana

A cada abertura de um período dos Arquivos Secretos, há um verdadeiro *frisson* causado pelo público em geral. Um exemplo dessa ansiedade pode ser visto quando da abertura dos arquivos referentes ao pontificado de Leão XIII, que foram colocados à luz do dia em 1978.

De acordo com artigo publicado no jornal *USA Today*, em sua versão on-line, datada de 16 de dezembro de 2009, grande parte daquele material fazia referência a um documento chamado *Apostolicae Curae*, o título de uma bula papal emitida em 1896 por aquele papa. Esse documento declarava todas as ordenações papais "absolutamente nulas e totalmente vazias".

Os arcebispos anglicanos de Canterbury e York, da Igreja da Inglaterra, responderam às acusações papais com a encíclica *Saepuis Officio,* em 1897. Em documento divulgado pela internet, o bispo católico William Edwin Franklin, dos Estados Unidos, escreveu um texto chamado "Abertura dos Arquivos do Vaticano e Procedimento do ARCIC sobre *Apostolicae Curae"*, no qual explicou um pouco sobre o caso:

> *Apostolicae Curae* estabeleceu a base doutrinária da Igreja Católica Romana para rejeitar o ministério anglicano nestes cem anos. Esta é, também, a base da prática de admissão dos anglicanos à eucaristia em circunstâncias bem limitadas. As 11 seções do documento *Apostolicae Curae* (AC) apresentam a justificativa teológica da presente política de absoluta rejeição da validade das ordens anglicanas por parte do Vaticano. Essa rejeição baseia-se no argumento de que o Ordinal da Igreja da Inglaterra tem sido defectivo desde o século XVI na "intenção" e na "forma". A base disso está na ausência (a) da referência ao sacrifício na Eucaristia e (b) no Ordinal.

A validade ou não do sistema religioso adotado no Reino Unido, desde sua implementação pelo polêmico rei Henrique VIII, foi discutida à exaustão praticamente desde a época daquele soberano.

A história mostrou que muitas guerras entre católicos e protestantes se seguiram na Europa após o começo da Reforma, em 1517, mas o que sempre incomodou os católicos era a pretensão do rei da Inglaterra em se colocar como líder também da religião naquele país. E quais seriam os antecedentes, ou seja, o contexto histórico para que Leão XIII retomasse a questão após tantos séculos? O texto de Franklin explica:

> Conforme George H. Tavard sobre os estudos mais recentes a respeito da mente do papa Leão XIII em 1896: o papa estava preocupado com a unidade cristã diante da secularização da sociedade. A visão era

pré-Vaticano II. Em *Praeclara congratualtionis* (20 de junho de 1894) lançou o apelo para a reconciliação entre as Igrejas do Oriente e a Igreja de Roma. O papa também criou em março de 1895, uma comissão para 'promover a reconciliação dos dissidentes com a Igreja'. Além disso, na Amantíssima voluntatis, o povo inglês foi muito apreciado e foi, também, exortado a orar o rosário, porém não foi feita nenhuma referência ao clero anglicano. Enquanto AC estava em preparo, Leão XIII passou a retomar a questão das ordens anglicanas. Sua intenção era atingir uma posição em que houvesse uma ordenação condicional. Porém foi ele muito impressionado com a argumentação negativa das ordens anglicanas a despeito da posição favorável de Duchesne e isso influenciou na sua decisão. Em síntese, são essas as conclusões de Tavard.

O grande público, em geral, não conhecia nada sobre o tal documento até a abertura dos Arquivos referentes ao assunto, em 1978. Só então alguns aspectos vieram à tona, como o fato de pelo menos metade da comissão que estudou o assunto para o papa produzir alguns documentos a favor das ordens anglicanas e ter dado votos favoráveis a elas.

Também foi revelado que nobres como o Barão von Hugel, que assinou um documento chamado *Spoglia Rampolla*, teria expressado avaliação positiva daquelas mesmas ordens. Um professor de história da Universidade de Paris, Louis Duchesne, examinou vários documentos do período de Julio III e chegou à conclusão de que o papa Paulo III não declarou inválidas as ordens anglicanas na sua Carta a Reginald Pole, na Inglaterra, no período da restauração da Igreja Católica Romana, sob o reinado da rainha Maria, e não houve reordenação até 1570.

Ou seja, curiosamente vemos que há documentos guardados nos Arquivos Secretos que chegam a contradizer a posição oficial da Igreja com certos assuntos polêmicos. Seria um indício de que os próprios padres não conseguem chegar a um consenso sobre as questões espirituais? Os "conspirólogos", com certeza, adoram usar essa e outras desculpas para disseminar suas teorias mirabolantes sobre os segredos ocultos naquela instituição. Para Franklin, essa pode ser uma explicação plausível. Em seu artigo ele conclui sobre os antecedentes:

> Não houve, assim, uma declaração categórica e explícita da nulidade das ordens anglicanas no século XVI. Há sinais de anotações negativas feitas à mão por Leão XIII nos relatórios preliminares da Comissão. A metade da Comissão votou em favor das ordens anglicanas. Então, houve incerteza a respeito da matéria. A despeito disso, Leão XIII optou pela nulidade. A ARC nos Estados Unidos em 1990 concluiu que,

baseado em vasto material então desconhecido, chegou o momento para a reavaliação da matéria.

A pergunta que fica é: por que Leão XIII optou por não reconhecer as ordens anglicanas? Se seus conselheiros lhe dão pareceres relativamente favoráveis sobre tal questão, o que poderia terminar com os pontos divergentes entre as duas Igrejas, e talvez até promover uma reconciliação entre elas, por que, mesmo assim, insistir em um totalitarismo religioso?

Para o papa, a questão da validade estaria não nas provas históricas, mas na unidade sacramental da Igreja e do ministério. Em resumo, para ele "era preciso que os anglicanos e os católicos romanos estivessem em uma só comunidade institucional de fé, o que implicaria no acordo substancial da teologia do sacramento e do ministério", segundo a análise de Franklin.

Há indícios que apontam para o fato de que Leão XIII não pronunciou apenas um "não" e que esse seria um passo em busca do processo de diálogo. Desde o término da Segunda Guerra Mundial, houve estudos em ambas as Igrejas para ressaltar e destacar dois pontos: o conceito de sacrifício na eucaristia e o ordinal.

Franklin ainda aponta para uma resposta ao relatório final sobre o assunto, feito pelo Vaticano, em 1991. Lá ainda havia vários pontos a serem esclarecidos, dentre eles:

a) Sobre a ligação essencial entre o memorial eucarístico e o sacrifício do Calvário.

b) Sobre a natureza propiciatória do sacrifício eucarístico que pode ser aplicada também aos falecidos.

c) Sobre a certeza de que Cristo está presente sacramental e substancialmente.

d) Sobre a adoração do Cristo no sacramento reservado.

E o que o ex-papa Bento XVI disse sobre o assunto? Pelo artigo, temos a seguinte resposta:

> (O *Apostolicae Curae*, um) sério obstáculo no progresso para a unidade foi, sem dúvida, a decisão feita pela comunidade da Igreja Anglicana de proceder à ordenação sacerdotal feminina. É uma ação que lança mais sombra sobre as ordenações sacerdotais na comunidade anglicana, e sobre essa questão, o papa Leão XIII já fez o seu pronunciamento na *Apostolicae Curae*.

Dom Sumio Takatsu, que traduziu e resumiu o artigo de Franklin para que estivesse disponível pela internet, conclui as ponderações sobre o assunto com, o seguinte parágrafo:

Temos, assim, tanta incerteza quanto em 1896. Voltemos ao dia 7 de maio de 1896. De um lado, há crescimento do consenso ecumênico. De outro, há o *status quo*. Daí o problema que Franklin levanta: sobre a autoridade do magistério da Igreja Católica Romana. A grande Igreja que dá importância principal à tradição doutrinal deve ser capaz de explicar teológica e historicamente os fundamentos de suas ações, ações de seus principais oficiais em manter o não reconhecimento dos ministros de outras Igrejas.

O fato é que muitos dos assuntos polêmicos parecem mesmo encontrar respaldo em documentos guardados nos vastos Arquivos Secretos. O que não se sabe, até o momento, é se a posição dos atuais clérigos corresponde ainda à de seus antecessores, que parece tão explícita nesses documentos.

A condenação e a reabilitação de Galileu Galilei

Enquanto assuntos mais sérios são estudados quando uma nova parte dos Arquivos Secretos é aberta, há sempre uma parte dos estudiosos que se dedica a desvendar as histórias mais antigas, como o processo que praticamente destruiu a carreira e a vida de Galileu Galilei.

Em julho de 2009, a sala de imprensa da Santa Sé apresentou ao público (mais incitado pela procura dos pesquisadores que por iniciativa própria) uma nova edição sobre as investigações do processo realizado com Galileu.

O novo volume chama-se *I Ducomenti Vaticani del Processo di Galileo Galilei* [Os documentos Vaticanos do processo de Galileu Galilei], uma edição que foi coordenada pelo prefeito do Arquivo Secreto, Dom Sergio Pagano. Esse livro, com 208 páginas, possui uma ampla introdução ao assunto, que não havia na edição anterior, de 1984. O volume foi publicado para comemorar o Ano da Astronomia, declarado pela Unesco para celebrar os 400 anos do descobrimento do telescópio.

A edição anterior divulgava os pronunciamentos do papa João Paulo II quando da conclusão dos trabalhos da comissão para analisar o caso de Galileu, que aconteceram entre 1981 e 1992. Dom Pagano partiu de uma análise da mais recente e acreditada bibliografia que fala do caso. Não apresentou novas hipóteses interpretativas, mas "novos elementos que permitam compreender os documentos do processo". Disse ele em entrevistas da época:

> O caso de Galileu ensina a ciência a não se considerar professora da Igreja em matéria de fé e de Sagradas Escrituras. E, ao mesmo tempo, ensina

a Igreja a abordar os problemas científicos – também os relacionados à mais moderna pesquisa sobre as células estaminais, por exemplo – com muita humildade e circunspecção.

O clérigo recordou que Galileu morreu como católico e penitente. Depois de ter escutado a sentença, o astrônomo teria dito que pedia apenas duas coisas: poder crer em sua fé pessoal e na de católico.

O livro, coordenado por Dom Pagano, apresenta alguns dos documentos descobertos após a abertura dos arquivos correspondentes e acrescenta novos materiais bibliográficos que vão da denúncia até a condenação, além de acrescentar textos e documentos originários da Congregação do Santo Ofício e da Biblioteca Apostólica Vaticana, todos eles retirados do vasto acervo dos Arquivos Secretos.

A ligação com o Brasil

Outro ponto interessante aconteceu em 2006, quando foram revelados documentos do acervo enviados ao Vaticano pela nunciatura apostólica, no Brasil, entre 1922 e 1939. Com esses se somou cerca de 30 mil dossiês e dezenas de milhares de documentos relativos ao pontificado de Pio XII, que cobrem 17 anos, de 1922 a 1939, um período que a maioria dos pesquisadores considera dos mais difíceis do século XX.

Um dos que se pronunciaram interessados em acessar esse acervo foi Gian Maria Vian, professor da Igreja Católica na Universidade de Sapienza de Roma, que falou na ocasião sobre o assunto com a BBC de Londres. Segundo ele:

> Esse pontificado se coloca entre as duas guerras mundiais, vê o surgimento do nazismo, do fascismo e do comunismo, da Crise de 29, da guerra civil espanhola e da guerra no México. A representação diplomática pontifícia no Brasil tem 180 anos, é de 1826, e, portanto, há importantes documentos.

O embaixador do Vaticano no Brasil é considerado o decano do corpo diplomático no País, porque faz parte da representação que é considerada a mais antiga, datando da época do império. Portanto, o canal de comunicação entre o País e a Santa Sé de fato existe e pode, inclusive, ter recebido outros tipos de documentos.

Mas qual seria a ligação entre Pio XII e o nosso país? Segundo monsenhor Ricardo Dias Neto, chefe de redação do jornal *L'Osservatore Romano*, essa abertura interessou os historiadores nacionais, justamente por coincidir com o período em que Getúlio Vargas chegou ao poder. Disse ele:

> O pontificado de Pio XII foi muito rico e, no que diz respeito ao relacionamento com a Santa Sé, o Brasil sempre teve uma precedência muito grande. O interesse vai ser principalmente para uma atualização de documentos sobre a história da Igreja, mas também sobre a história civil e política do país.

Vian, por sua vez, notou que também havia no acervo recém-aberto documentos do arquivo da nunciatura no Rio de Janeiro, como as cartas das autoridades brasileiras e os detalhados relatórios dos bispos sobre a situação e problemas de cada diocese.

O professor ressaltou que tais papéis dão uma visão de toda a nação e um panorama dos problemas próprios do período entre os anos de 1922 e 1939. O holocausto também foi lembrado na ocasião.

Para muitos analistas que estudam história, não há fonte melhor para elucidar o passado do que o acesso a esses documentos, que incluem decretos, encíclicas, correspondência diplomática e papéis da secretaria de estado. O vaticanista, em seus procedimentos, o italiano Giancarlo Zizola, por exemplo, declarou para a BBC que, com o acesso a esses documentos, será possível entender melhor qual foi a linha política do Vaticano sobre o extermínio de judeus por parte do regime nazista. Segundo ele:

> A abertura desse arquivo pode dar indicações sobre a linha da Santa Sé quanto ao holocausto, saberemos mais sobre os difíceis equilíbrios e as lutas que ocorriam nos andares altos dos palácios do Vaticano a propósito do totalitarismo, da guerra na Espanha e do III Reich.

Porém, nem todos são dessa opinião. Alguns historiadores falam que é muito alta a probabilidade de nada de muito revelador surgir da análise desses documentos. Até o momento, ainda se discute a verdade sobre o período da Segunda Guerra Mundial.

Capítulo 16
Os maiores segredos dos Arquivos Secretos

Por tudo o que foi exposto, é muito fácil especular o que realmente aquelas prateleiras contêm. O acesso restrito deixa as mentes e imaginação correrem à solta e, por vezes, mais cria mitos do que desmistifica pedaços da História, como o que se refere aos cavaleiros templários, por exemplo.

Isso não significa propriamente que lá dentro há papeis que mudariam o rumo da humanidade. Porém, é um fato comprovado que muita coisa saiu do convívio público para se estabelecer nos recantos daquela instituição por séculos. Afinal, os clérigos sempre souberam que conhecimento era poder e praticam o hábito de acumular conhecimento desde os tempos medievais.

Quando investigamos os assuntos ligados por teorias de conspiração e publicações sensacionalistas ao Vaticano, vemos itens completamente insólitos. Dos evangelhos apócrifos aos OVNIs, do paranormal aos anjos, dos templários ao "verdadeiro" terceiro segredo de Fátima, (às vezes chamado de quarto segredo), muito já foi especulado sobre o que realmente há nas prateleiras mais bem guardadas do mundo. Não é à toa que Dan Brown teria localizado justamente por lá um fictício livro esquecido de Galileu em seu livro *Anjos e Demônios*. Até essa existência da obra é discutida e não comprovada.

Os maiores segredos

Para poder discursar um pouco sobre alguns desses mais altos segredos, é necessário apelar para uma fonte consagrada: o autor Alfredo Lissoni, jornalista e escritor nascido em Milão, na Itália, em 1966.

Lissoni foi correspondente do *Giornali di Bergamo* e dirigiu por quatro anos a revista *Oltre la Conoscenza*. É autor de diversos livros sobre conspiracionismo e ufologia. Seu livro *Os enigmas do Vaticano* é considerado um verdadeiro guia para todos os que querem saber um pouco mais sobre os segredos que a Igreja Católica guarda do grande público.

A introdução de Lissoni já nos deixa intrigados. Diz que os Arquivos Secretos são famosos por conterem os livros mais perigosos e proibidos da História da Humanidade. Assim, conclui, supostamente lá estão os "verdadeiros evangelhos" de Jesus, que pregariam uma doutrina oposta à contada hoje e que tratariam de temas polêmicos como reencarnação e espiritismo.

Também seria possível encontrar por lá documentos nobiliários sobre a descendência dinástica de Cristo, documentos papais e inquisitoriais que tratam de OVNIs, demônios, poderes paranormais, viagens fora do corpo, anjos com hábitos insólitos, relíquias milagrosas e corpos incorruptíveis, alquimia, virgens negras, gravuras e pinturas que indicam a verdadeira localização da Arca da Aliança e o cajado de Moisés, até receitas sobre a preparação de um elixir capaz de dar a vida eterna, que teria sido testada por Napoleão Bonaparte e pelo príncipe Raimondo di Sangro di Sansevero.

O livro se inicia com a advertência que foi colocada na entrada dos arquivos pelo bibliotecário Bartolomeo Sacchi, em 28 de fevereiro de 1475, que diz de maneira ameaçadora:

> Quem quer que sejas, que escrevas aqui o teu nome por ter tomado emprestado os livros da biblioteca do papa. Saibas que incorrerás em tua execração e na perda de tua dignidade se não os restituírem intactos.

Essa mesma advertência ia registrada também nos cabeçalhos dos empréstimos externos. Lissoni lembra, porém, que tal inscrição era obra de um bibliotecário que trabalhava para o acervo pessoal do papa e não para a Biblioteca Vaticana, que, em tal época, ainda não existia. Ele conta:

> Havia, porém, os arquivos eclesiásticos. Cada paróquia tinha o seu, maior ou menor, nos quais iam anotados, como em um fichário, a história de cada matrimônio, óbito, nascimento e batismo e, frequentemente, a história de toda a cidade, burgos, vilas, etc. Eram registradas desde as visitas pastorais até a divisão dos terrenos, passando pela minuciosa crônica histórica do lugar. Trata-se, de fato, de uma enorme quantidade de documentos que, com o tempo, viria a ser de excepcional importância pelos seus esboços de história da Europa, sobre os quais estudam hoje os nossos filhos nas escolas e que, frequentemente, convergiriam em duplicata aos impenetráveis arquivos vaticanos.

Porém, é interessante notar que a tal história paralela, que seria anotada pelos clérigos com o passar do tempo, nunca foi divulgada, e é justamente ela que faz a matéria-prima sobre as histórias que envolvem os Arquivos Secretos.

É claro que ninguém quer seu filho estudando as intrigas da corte, os segredos iniciáticos de seitas diversas e tendo acesso a conhecimentos perdidos que, uma vez mal interpretados, podem causar mais dano que benefício. Isso inclui, claro, fatos hoje divulgados abertamente, como a participação de sociedades iniciáticas como a maçonaria em certos eventos da humanidade, incluindo guerras e revoluções.

Mas dados como os referentes à verdadeira natureza do Santo Sudário de Turim continuariam a ser ocultados do público. Tais atitudes de censores seriam mesmo justificadas?

Para Lissoni, pelo menos, parece ser meio e meio. Ele compara os clérigos aos modernos jornalistas, uma vez que aqueles antigos bibliotecários, cujos nomes se perderam nas brumas históricas, guardaram por lá as mais bizarras tramoias, os mais insólitos bastidores, os fenômenos mais anômalos que fascinam os modernos estudiosos do oculto. Ele acrescenta que estariam registradas também:

> [...] façanhas de seitas satânicas e de movimentos heréticos, feiticeiros e pagãos, eventos celestes inexplicáveis, propagação de teorias esotéricas e científicas em desacordo com os ditames da Igreja Católica. Aqueles mesmo bibliotecários *ante litteram* recolheram e esconderam muitos evangelhos chamados de apócrifos, atribuídos a Jesus ou a personagens do Antigo Testamento, mas renegados pelo Vaticano porque as informações neles contidas não estão em linha com o endereço teológico proposto pela Igreja, além de bíblias de todo gênero e grau (imagina-se que do livro sagrado dos cristãos existam ao menos 80 mil diferentes traduções com diferenças, muitas vezes, fundamentais nos pontos cruciais da exegese).

Milhões de livros

Os telejornais italianos anunciaram, em edição de 27 de março de 2004, que o Vaticano planejava inserir, em cada um dos milhões de livros da Biblioteca Vaticana, um microchip para prevenção de roubos de obras. Essa decisão chamou bastante a atenção de todos porque, embora seja uma medida comum adotada por milhares de bibliotecas, o número elevado de *chips* usados pareceu ser algo bem exagerado.

E logo os comentários começaram: afinal, o que haveria de tão secreto lá dentro que justificaria tal medida? Hoje em dia, há projeções de que existam pelo menos 80 mil diferentes traduções da Bíblia, e grande parte estaria registrada nas prateleiras dos Arquivos Secretos.

Lissoni diz, em seu livro, que os evangelhos agnósticos e apócrifos que lá estão são levados em consideração por quase 90% dos pesquisadores de história da Bíblia. E isso não seria de espantar, já que o *Codex Vaticanus*, um dos mais antigos manuscritos da Bíblia, datado do período entre os anos 325 e 350, continha nada menos que 16 mil correções pertencentes a pelo menos sete revisores. Falar dessas confusões na hora de traduzir a Bíblia não é novidade.

Informações bombásticas

No passado, o papa João XXIII denunciou a confusão que se originou das manipulações dos textos. No século VII, o teólogo inglês conhecido como São Beda ou Venerável Beda (672-735) dizia que Esdras, o personagem bíblico que liderou o segundo grupo de retorno de israelitas que retornaram de Babilônia, em 457 a.C., teria alterado e modificado a Bíblia de maneira significativa.

Até São Paulo foi suspeito de ter alterado os ensinamentos de Jesus para que a religião assumisse um aspecto mais ofensivo e mais preparado ao consumo de um poder político que, aos poucos, conseguia adentrar a sociedade romana.

O livro O *Santo Graal e a Linhagem Sagrada* é um ponto de partida no qual Dan Brown baseou seu *Código da Vinci*. A obra é muito baseada em alguns escritos obscuros, como as variações dos evangelhos guardadas nos Arquivos Secretos. São coisas como a suposta troca de Jesus crucificado por outra pessoa que foi colocada no sepulcro, o vinagre da esponja que foi dada para Jesus beber ser, na verdade, um composto que causava uma morte aparente, ou ainda a tão polêmica ligação entre Jesus e Maria Madalena.

Dan Brown reluta em admitir essa fonte. Porém, quem leu os dois livros vê semelhanças inegáveis que foram ignoradas no processo de plágio então instaurado.

E não precisamos apelar apenas a esse polêmico livro para ver que esse tipo de opinião parece ser o mais corrente entre os pesquisadores. É o caso da arqueóloga australiana Barbara Thiening, da Universidade de Sidney. Segundo ela:

> Jesus não morreu na cruz. Antes de ascender, seus discípulos lhe deram uma poção que provocara morte aparente. E o embuste funcionou. Caído em catalepsia, retirado da cruz aparentemente morto, Jesus foi reanimado pelos seus discípulos – por isso seu corpo desapareceu do sepulcro de José de Arimateia – e desde então viveu outros trinta anos. Casado com

Maria Madalena, teve um total de três filhos, mas a sua união não durou. Como eu pude ler em alguns fragmentos secretos do Mar Morto, Jesus teria se casado depois com uma mulher grega chamada Lydia.

Já os mórmons teriam adotado a crença de que Jesus teria visitado as Américas. Dois deles, o ancião Mark Petersen e o pesquisador Paul Hermann, afirmaram que, após uma atenta avaliação, haviam chegado à conclusão de que Jesus teria chegado até as Américas e lá lhe foi atribuída a denominação de "deus da luz Quetzacoatl". Vejamos o que diz disso Petersen, que apresenta Jesus da seguinte forma:

> Uma figura real, conhecida na Guatemala como Gucumatz, no Peru como *Hyustus Viracocha*, no Brasil como Sumé, na Colômbia como Bochica, no México como Votas, na Polinésia como Kon. A tradição de um deus branco na antiga América foi preservada por muitas gerações de indígenas, do Chile ao Alasca, e de modo similar, é significativamente persistente entre os polinésios, do Havaí à Nova Zelândia. Seus ensinamentos eram muito parecidos com aqueles contidos na Bíblia. Era descrito como um homem branco, alto, barbudo, de olhos azuis. Vestia uma longa túnica. Veio do céu e voltou para o céu. E prometeu voltar uma segunda vez. E o que ele fez quando veio? Curou os doentes, deu a visão aos cegos, reparou os aleijados e ressuscitou alguns mortos. Pregou uma vida melhor, dizendo ao povo que fizesse aos outros, aquilo que lhes houvesse feito, de amar ao próximo e de exercitar a caridade.

O espiritismo

A comunicação com os mortos sempre foi um dos pontos mais debatidos entre os representantes do Vaticano e o público em geral. Basta dizer que nunca houve uma admissão oficial dos clérigos sobre o assunto. Porém, há sempre algum representante que deixa escapar alguma coisa.

A seguir, trechos retirados de uma entrevista divulgada no jornal *Ansa*, na Itália, de novembro de 1996, mostram as ideias do padre Gino Concetti, da Ordem dos Franciscanos Menores, um dos teólogos mais competentes do Vaticano e comentarista do *L'Osservatore Romano*:

> **Gino Concetti** – Segundo o catecismo moderno, Deus permite aos nossos caros defuntos, que vivem na dimensão ultraterrestre, enviar mensagens para nos guiar em certos momentos de nossa vida. Após as novas descobertas no domínio da psicologia sobre o paranormal, a Igreja decidiu não mais proibir as experiências do diálogo com os trespassados, na condição de que elas sejam levadas com uma finalidade séria, religiosa, científica.

Ansa - Segundo a doutrina católica, como se produzem os contatos?
GC - As mensagens podem chegar-nos não por intermédio das palavras e dos sons, quer dizer, pelos meios normais dos seres humanos, mas por meio de sinais diversos; por exemplo, pelos sonhos, que às vezes são premonitórios, ou por meio de impulsos espirituais que penetram em nosso espírito. Impulsos que se podem transformar em visões e em conceitos.

Ansa - Todos podem ter essas percepções?
GC - Aqueles que captam mais frequentemente esses fenômenos são as pessoas sensitivas, isto é, pessoas que têm uma sensibilidade superior em relação a esses sinais ultraterrestres. Eu refiro-me aos clarividentes e aos médiuns. Mas as pessoas normais podem ter algumas percepções extraordinárias, um sinal estranho, uma iluminação repentina. Ao contrário das pessoas sensitivas, podem raramente conseguir interpretar o que se passa com elas no seu foro íntimo.

Ansa - Para interpretar esses fenômenos a Igreja permite-lhes recorrer aos chamados sensitivos e aos médiuns?
GC - Sim, a Igreja permite recorrer a essas pessoas particulares, mas com uma grande prudência e em certas condições. Os sensitivos aos quais se pode pedir assistência, devem ser pessoas que levam as suas experiências, mesmo aquelas com técnicas modernas, inspiradas na fé. Se essas últimas forem padres é ainda melhor. A Igreja interdita todos os contatos dos fiéis com aqueles que se comunicam com o Mais Além, praticando a idolatria, a evocação dos mortos, a necromancia, a superstição e o esoterismo; todas as práticas ocultas que incitem à negação de Deus e dos sacramentos

Ansa - Com que motivações um fiel pode encetar um diálogo com os trespassados?
GC - É necessário não se aproximar muito do diálogo com os defuntos, a não ser nas situações de grande necessidade. Alguém que perdeu em circunstâncias trágicas, seu pai ou sua mãe, ou então seu filho, ou ainda seu marido e não se resigna com a ideia do seu desaparecimento, ter um contacto com a alma do caro defunto pode aliviar-lhe o espírito perturbado por esse drama. Pode-se igualmente endereçar aos defuntos se tem necessidade de resolver um grave problema de vida. Nossos antepassados, em geral, ajudam-nos e nunca nos enviarão mensagens nem contra nós mesmos nem contra Deus.

Ansa - Que atitudes convêm evitar durante contatos mediúnicos?
GC - Não se pode brincar com as almas dos trespassados. Não se pode evocá-las por motivos fúteis, para obter, por exemplo, um número de loteria. Convém também ter um grande discernimento a respeito dos sinais do mais além e não muito enfatizá-los. Arriscar-se-ia a cair na mais suspeita e excessiva credulidade. Antes de qualquer coisa, não se pode abordar o fenômeno da mediunidade sem a força da fé.

Não é preciso lembrar ao leitor que tudo o que foi dito estaria devidamente documentado nos papéis contidos no interior das prateleiras dois Arquivos Secretos e que, até hoje, não houve nenhuma tentativa bem-sucedida de confirmar essa suposta existência.

Porém, também não houve nenhuma tentativa de desacreditar tais teorias por parte dos religiosos, o que deixa uma ponta de dúvida sobre o assunto.

A paranormalidade

Quando o assunto é paranormalidade, de fato muita coisa tem sido dita. Ainda mais quando envolve uma máquina como o Vaticano. O pesquisador italiano Alfredo Lissoni afirma que é nos textos apócrifos que conceitos como reencarnação e poderes sobrenaturais estão inseridos e que tais assuntos afastariam os fiéis da doutrina estabelecida.

O autor lembra que, em 1970, o papa Paulo VI criou no Vaticano, junto com a Pontifícia Universidade Lateranense, situada em Roma, que abriga ainda o Pontifício Instituto João Paulo II para estudos sobre o Matrimônio e a Família, a Cátedra de Paranormologia e Ufologia.

Por que um papa se preocuparia em criar algo assim em uma instituição de ensino superior? Lissoni também lembra que o termo paranormalidade foi inventado por um sacerdote redentorista, ou seja, da Congregação do Santíssimo Redentor, uma congregação religiosa católica fundada por Santo Afonso de Ligório, em Scala, na Itália, em 1732. O criador, no caso, foi o padre Andreas Resch, docente da área de Psicologia Clínica e Paranormologia na Academia Alfonsiana de Roma, além de ser, claro, o titular da cátedra.

Na obra do pesquisador italiano Alfredo Lissoni, *Os enigmas do Vaticano*, a existência de uma cátedra de paranormologia, ou estudo do paranormal, não é comumente conhecida pelas pessoas, mas é um sinal claro do interesse do Vaticano em assuntos sobrenaturais.

O padre Andréas Resch é espiritista convicto, apesar de a Igreja ter abandonado o assunto da comunicação com os mortos, e esse assunto ter gerado uma condenação transmitida por meio de ensinamentos de padres e doutores da Igreja até a publicação do ato negativo do Santo Ofício, em 24 de abril de 1917. Tal ato teria sido mais tarde confirmado por outro documento, o catecismo da Igreja Católica, que incluiu a prática da evocação dos mortos e coloca sob vigilância os adeptos do espiritismo.

Resch participou de uma sessão espírita, em 1987, em que foi utilizada uma câmera que "eternizaria os espíritos" e obteve, segundo alguns relatos, um ótimo resultado ao captar a imagem do químico francês Henry Sainte Claire Deville, que morreu em 1881. Há registros de outros experimentos feitos por esse padre. Em fevereiro de 2002, ele teria revelado à revista alemã *Grenzgebiete der Wissenschaft* que teria ouvido a voz do padre Wolfgang Bruno, um colega teólogo beneditino, que foi vítima de um infarto no ano anterior.

O curioso é saber que o caso de Resch não é único. Hoje são conhecidos outros padres que se dedicam ao estudo do paranormal, como o monsenhor Corrado Balducci, um demonólogo que admite a existência das chamadas faculdades extrassensoriais. Ele pesquisa esses relatos para usá-los como um divisor dos fenômenos paranormais comumente associados às atividades de santos e ascetas.

Essa prática dos padres não é coisa recente. No passado eles também se dedicaram a recolher essas histórias para uso pessoal. Gregório Matos, por exemplo, um membro de uma ilustre família romana que nasceu em 540, foi um desses precursores. Ele escreveu quatro volumes de *Diálogos*, em que imaginava contar ao padre Pedro, um amigo de infância do clérigo, alguns casos reais como o descrito abaixo:

> No tempo do imperador Justiniano, o bispo de Milão, Dazio, que se dirigia a Constantinopla por questões relativas à fé, parou em Corinto. Pôs-se a procurar uma casa espaçosa que pudesse alojara ele e a todos os seus acompanhantes. Viu de longe uma casa com as dimensões desejadas e deu as ordens para que ela fosse preparada para acolhê-lo. Os habitantes daquele lugar lhe disseram que ele não poderia permanecer naquela casa, pois muitos anos antes era habitada pelo demônio e por essa razão ela permanecia vazia. O venerável Dazio respondeu: "com razão, iremos passar a noite nessa casa, se o espírito do mal a invadiu e impede os homens de habitá-la". Comandou assim que fossem preparadas todas as coisas e adentrou a casa com segurança, pronto para enfrentar os ataques do antigo inimigo. De fato, no silêncio da noite profunda, enquanto o homem de Deus dormia, o antigo inimigo pôs-se a imitar, com gritos insuportáveis e grandes ruídos, o rugido do leão, o balido da ovelha, o som desafinado do asno, o sibilo da serpente, o som guincho do porco e do rato. Daio, assustado pelos gritos de tantos animais, despertou de sobressalto e enfurecido contra o antigo inimigo.

O relato termina com a série de exorcismos que o padre teria realizado para libertar a casa do espírito. Quase dois mil anos depois, nos dias modernos, é possível imaginar que os pesquisadores do sobrenatural, e até mesmo os próprios padres do Vaticano saibam que esse nada mais era do que um relato de atividade *poltergeist*.

OVNIs e ufologia

Há um segundo relato de Gregório Matos que analisa algo que os ufólogos modernos levariam bastante a sério. Diz ele:

> Benedito, como soube de seus fiéis discípulos, encontrava-se distante de Cápua quando viu a alma de Germano, bispo daquela cidade, levada aos céus pelos anjos em um globo de fogo. Era meia-noite. Enquanto via essa alma subir ao céu, ele viu, como sob o raio do sol, o mundo inteiro.

Seria esse um relato de atividade de OVNIs? O fato é que esses e outros relatos supostamente possuem cópias guardadas a sete chaves nos Arquivos Secretos e são a parte do acervo que mais atrai a atenção do público.

A total verdade sobre os Arquivos Secretos do Vaticano talvez nunca seja conhecida, pelo menos enquanto o acesso for restrito a um punhado de pesquisadores rigorosamente escolhidos pelo Vaticano.

Ou talvez um dia os padres finalmente liberem o conteúdo completo de seu acervo para o público. Porém, até que esse dia chegue, o público em geral só poderá especular e aguardar para ver quais são os segredos lá contidos.

Capítulo 17
Os escândalos e a renúncia do papa

Em meio aos infindáveis papéis dos Arquivos Secretos do Vaticano é possível encontrar pérolas que podem esclarecer (e muito) como funciona a máquina do estado católico.

O que mais intriga é saber o real valor que os documentos do secretariado, que são arquivados lá e não veem a luz do sol por muitas décadas, são tão cobiçados a ponto de protagonizar escândalos difíceis de ser esquecidos, como o famoso caso Vatileaks, apontado como uma das principais razões que levaram à renúncia do hoje papa emérito Bento XVI.

Vatileaks

Por muitos anos, Joseph Ratzinger teve de lidar com três fatores principais que resultaram em seu ato, que há muito não acontecia na história da Igreja Católica. Os boatos, muito antes de anunciar sua renúncia, eram que ele sofreria de uma doença terminal ou que estava sendo vítima de chantagem originada pelo roubo dos documentos do citado Vatileaks, que veio ao conhecimento público graças à ação da mídia em 2012.

Mas o que vem a ser esse caso? Em resumo: vários documentos secretos (que muitos pesquisadores e jornalistas acreditam terem sido enterrados nos Arquivos Secretos longe dos olhos públicos) revelaram a existência de uma ampla rede de corrupção, nepotismo e favoritismo relacionados a contratos superfaturados, que beneficiavam a Cúria Romana, "o aparato burocrático do Vaticano, interessado em desestabilizar um grupo de cardeais", segundo a revista *Veja* (edição de 20 de fevereiro de 2013). O caso recebeu a denominação de Vatileaks de seu porta-voz oficial, Federico Lombardi, que comparou a repercussão com o fenômeno Wikileaks (de vazamento de informações confidenciais e delicadas de diversos governos e empresas).

O escândalo apareceu pela primeira vez quando o jornalista italiano Gianluigi Nuzzi publicou cartas de Carlo Maria Viganò, anteriormente o segundo administrador do Vaticano, em que ele implorava para não ser transferido por ter exposto uma suposta corrupção, que custou ao Vaticano "um aumento de milhões nos preços do contrato", segundo o site Euronews.

Nos meses que se seguiram, o escândalo aumentou com o vazamento de documentos para jornalistas italianos, que mostravam a existência de uma luta pelo poder no Vaticano. Foi mais ou menos nessa época que uma carta anônima apareceu e revelou uma ameaça de morte contra Bento XVI, conforme revelou o jornal *The Independent*. Em maio de 2012 foi publicado o livro *Sua Santidade, as Cartas Secretas de Bento XVI*, composto por cartas confidenciais e memorandos trocados entre o Papa Bento XVI e seu secretário pessoal.

Essa correspondência revela um Vaticano como foco de intrigas, confabulações e confrontos entre facções secretas. O livro revelou ainda detalhes sobre as finanças pessoais do então papa e incluiu alguns contos sobre subornos feitos para obter uma audiência com ele, segundo alguns sites como o Queerty, especializado na comunidade homossexual.

O mordomo e o escândalo financeiro

O jornalista Gianluigi Nuzzi, que publicou o citado livro descrito, teve um parceiro essencial nesse vazamento de informações: o mordomo do papa emérito, Paolo Gabriele, que exercia o cargo desde 2006. O mordomo foi preso em 23 de maio de 2012, depois que as cartas e os documentos foram encontrados em seu apartamento, no Vaticano. Ele alegou que encontrou os tais documentos no apartamento que dividia com sua esposa e três filhos.

Gabriele foi preso em julho e depois removido para uma prisão domiciliar. O juiz do Vaticano, Piero Antonio Bonnet, analisou as evidências do caso e decidiu que havia material suficiente para prosseguir com a realização de um julgamento. O mordomo foi indiciado pelos magistrados em 13 de agosto de 2012 por roubo agravado, mas teve indulto do papa emérito em 22 de dezembro. Em sua última apelação, ele declarou, segundo a agência *Associated Press*: "O que sinto mais fortemente dentro de mim é a convicção de que agi exclusivamente por amor, eu diria um amor visceral, pela Igreja de Cristo e seu representante".

Os problemas que levaram à renúncia do hoje papa emérito não se resumiram apenas aos documentos do Vatileaks que, caso não tivessem vazado, teriam encontrado refúgio nos recônditos Arquivos Secretos. Outro fator que está ligado aos documentos roubados é o escândalo de 2010, quando a Justiça italiana abriu uma investigação sobre o IOR (Instituto de Obras Religiosas), o nome oficial do banco central do Vaticano, e bloqueou 23 milhões de euros de suas contas por "suspeita de violação das normas do sistema financeiro contra lavagem de dinheiro".

O secretário do estado, que aparentemente esteve envolvido nessas falcatruas e que faz a Igreja parecer voltar ao tempo dos Bórgias, é o cardeal Tarcísio Bertone, descrito por muitos como ambicioso e em total discordância com as intenções de Bento XVI. O secretário, que seria o principal nome para gerar os documentos que fatalmente são arquivados nos Arquivos Secretos, está na mira de boa parte dos cardeais italianos, que o teriam responsabilizado por interesses ou omissão em casos como o do IOR ou do Vatileaks.

Bento XVI, o nazismo e os Arquivos Secretos

A decisão de canonizar Pio XII, apesar dos protestos da comunidade judaica, deu uma publicidade muito negativa para o então papa Bento XVI. O ex-papa esteve no Arquivo Secreto analisando a situação em junho de 2007, quando proferiu um discurso no qual defendeu o papel do Arquivo ante a polêmica do período da Segunda Guerra Mundial.

Segundo notícia divulgada pelo site ACI Digital, a Biblioteca Apostólica fechou as portas ao público durante três anos para restauração de uma ala localizada em um edifício renascentista, o que causou outra onda de comentários sobre os reais motivos de tal fechamento. Sobre o Arquivo Secreto, Bento XVI disse na ocasião:

> Podem-se realizar não só pesquisas eruditas, em si mesmas muito dignas, concernentes a períodos longínquos, mas também relativas a épocas e tempos recentes, muito próximos a nós. Prova disso são os primeiros frutos da recente abertura que decidi em junho de 2006 aos pesquisadores do pontificado de Pio XII.

Ainda comentando o caso de Pio XII, Bento XVI afirmou que a abertura dos arquivos referentes ao seu antecessor teria sido pedida pelos "caluniadores judeus do pontífice, especialmente a controvertida Liga Antidifamação dos Estados Unidos". Esta última é uma referência a uma organização na ativa desde 1913, que se dedica a lutar contra o antissemitismo em todas as suas formas.

O ex-papa lembrou que seu antecessor direto, João Paulo II, havia aprovado a abertura de tais arquivos embora o período de reserva ainda não tivesse transcorrido por completo. Tais documentos foram colocados à disposição de um comitê de estudiosos católicos e judeus. Os envolvidos que pertenciam à comunidade judaica não encontraram nenhum tipo de prova incriminatória que impediria o processo de canonização de Pio XII, mesmo assim acusaram o Arquivo Secreto de retenção de provas.

O site ACI Digital afirma, na citada notícia, que Bento XVI elogiou "o serviço desinteressado e equânime" dos Arquivos Secretos. Disse que os envolvidos tinham deixado "a um lado estéreis e frequentemente débeis conceitos unilaterais" e oferecido aos investigadores, "sem prejuízos, a documentação que possuem, ordenada com seriedade e competência".

Dom Pagano falou sobre o caso do polêmico papa quando o livro sobre Galileu foi publicado. Segundo ele, os documentos sobre o período totalizariam cerca de 700 caixas com papéis da Secretaria de Estado e das nunciaturas, que deixariam clara a caridade exercida por Pio XII durante a II Guerra Mundial. Para o prefeito dos Arquivos Secretos, a opinião sobre o papa polêmico é clara:

> Todos aqueles que se dirigiram a ele (papa Pio XII) – militares, prisioneiros, párocos que tiveram suas igrejas destruídas, professores que haviam perdido o trabalho – o papa os ajudou com uma caridade incrível. A Santa Sé enviou grandes quantidades de dinheiro para obras de caridade, durante e depois da guerra.

Em meio a várias polêmicas, discussões e brigas para saber se aquele papa deveria ou não ser canonizado, o processo prossegue a passos largos. Dom Pagano disse também que entre os documentos estão incluídos um organograma de todos os italianos, das condições da guerra nos campos de prisão, além de cartas dos núncios que descrevem a situação dos prisioneiros, bem como textos que evidenciam as tais obras de caridade que foram citadas por ele e realizadas pela Igreja durante e depois da guerra.

A mais recente notícia sobre o caso relata que a abertura de tais arquivos será benéfica para melhorar a imagem de Pio XII junto ao grande público. Essa iniciativa partiu de uma organização chamada *Pave the Way Foundation*, "surgida para eliminar os obstáculos entre religiões, fomentar a cooperação e acabar com o abuso da religião para fins partidaristas".

Seus componentes entregaram para o Vaticano uma petição para digitalizar e colocar à disposição pela internet cerca de 5.125 documentos dos Arquivos Secretos, datados entre março de 1939 e maio de 1945. Gary Krupp, fundador e presidente da *Pave the Way Foundation*, anunciou que as *Actes et Documents du Saint Siège relatifs a la Seconde Guerre Mondiale* [Atas e Documentos da Santa Sede relativos à Segunda Guerra Mundial)] estarão disponíveis em breve para o estudo on-line, sem custo algum, no site da organização e na página oficial do Vaticano. Krupp, um judeu de Nova York, declarou:

> No desenvolvimento da nossa missão, constatamos que o papado de Pio XII (Eugenio Pacelli) durante a Segunda Guerra Mundial é um motivo de atritos, provocando um impacto em mais de um bilhão de pessoas. A controvérsia se centra em se ele fez o suficiente para prevenir o massacre dos judeus nas mãos dos nazistas.

Pedofilia

Além dos citados fatos, há a abundância de casos recorrentes de pedofilia que Bento XVI tentou combater, mas acabou por se sentir abandonado por cardeais, bispos e padres em seus esforços para dar um basta nessa situação. "O corporativismo foi mais forte que o papa", afirmou o repórter Mário Sabino, revista *Veja*. Segundo a reportagem, são milhares de casos ocorridos entre 1996 e 2009 que chegaram a envolver, inclusive, crianças surdas-mudas. Inúmeros processos chegaram a ser abertos no Vaticano, mas nenhum deles segue com a velocidade que se esperava.

Em maio de 2010, o ex-papa Bento XVI recebeu bispos belgas para, juntos, analisarem medidas para "evitar abusos sexuais de clérigos a menores" no país correspondente, segundo relatório oficial do Vaticano datado de 21 de março de 2012.

Quem acompanha as notícias vai se lembrar que acusações de pedofilia passaram a ser relativamente comuns quando o assunto era a Igreja Católica, sendo possível mesmo traçar uma linha cronológica mostrando quais e quantos casos aconteceram. Porém, a onda de acusações passou a assumir proporções inimagináveis até mesmo para a própria Igreja. Um dos casos mais graves aconteceu na Bélgica, quando o bispo de Bruges, Roger Vangheluwe, foi cassado pelo então papa por pedofilia. O religioso reconheceu que havia abusado de um jovem quando era sacerdote.

Os bispos que encontraram o papa estavam lá para discutir não apenas as acusações de pedofilia, mas também falar sobre os eternos assuntos polêmicos com os quais a Igreja discute quase infinitamente, mas não chega a uma conclusão, como eutanásia e diálogo inter-religioso.

Segundo os jornais, a Bélgica é o segundo país europeu a aprovar uma lei para a eutanásia. Porém, o *L'Obsservatore Romano* diz que aquela nação "sofre" com os escândalos de abusos sexuais por parte de clérigos. E o país registrou, segundo o jornal, uma queda de 30% dos católicos. O chefe dos bispos belgas, Andre Joseph Leonard, afirmou que a Igreja belga adotou diferentes medidas para acabar com esses casos e pediu às vítimas que os denunciem perante a magistratura.

Entre outras medidas para impedir que os casos continuem a aparecer, há "uma formação mais profunda dos sacerdotes e seminaristas, começando com discernir se são confiáveis para o sacerdócio", segundo declaração oficial do relatório emitido pela comissão oficial do papa em 5 de maio de 2010.

Por mais que a Igreja se esforce para controlar as denúncias, muitos outros casos foram registrados até hoje. No final do mesmo mês de abril de 2010, um jornal belga divulgou a denúncia de um homem que assegurou ter sido "violado" quando tinha 15 anos, na década de 1980, por um sacerdote da diocese de Namur, e que o atual chefe da Igreja Católica belga teria encoberto o caso. Essa acusação, que está nos tribunais belgas, se juntou a outros casos registrados que acusavam as Igrejas dos Estados Unidos, Irlanda, Alemanha, Áustria, Holanda e Itália.

Há quem jure que os Arquivos Secretos do Vaticano possuem relatórios completos sobre as atividades dos pedófilos. Há, até hoje, suspeitas de que o próprio Vaticano sabia dessas atividades, mas as escondia de todos, para que ninguém soubesse como seus padres realmente agiam. Esse material, que até hoje é discutido à exaustão em fóruns de internet, gerou muitas lendas, ou seja, fatos não confirmados, que apresentam os padres de diversas maneiras, incluindo depravados que se valiam da confiança de jovens, a maioria do sexo masculino, para obter sexo de maneira ilícita.

Segundo notícias, o monsenhor Charles J. Scicluna, promotor de justiça da Congregação para a Doutrina da Fé, teria afirmado que houve 3 mil denúncias de abusos contra menores nos últimos dez anos, mas que não sabia afirmar o que teria acontecido com as denúncias, nem quantos religiosos foram considerados culpados e punidos.

É claro que ninguém jamais conseguiu uma prova concreta sobre as supostas atividades ilícitas, ou mesmo saber se haveria, de alguma forma, um arquivo no Vaticano que registrasse quem é pedófilo e onde atuaria. Porém, a fama de tal história está incontrolavelmente espalhada por todo o mundo.

O jornal *The New York Times* afirmou em reportagem que "o Vaticano havia sido informado a respeito dos abusos cometidos pelo padre Lawrence Murphy, que molestou cerca de 200 crianças de uma escola para surdos no estado do Wisconsin, ao longo de 24 anos, mas não tomou nenhuma providência".

Talvez a prova da culpa dos pedófilos esteja arquivada de fato nos Arquivos Secretos. Porém, essa será uma informação que poderá ser divulgada daqui a muitos anos ainda.

A renúncia do papa

A estratégia escolhida pelo papa emérito, ou seja, a renúncia, o tira da liderança da igreja e o coloca atrás das paredes de um convento para freiras no Vaticano, chamado mosteiro *Mater Ecclesiae* (Mãe da Igreja), construído em 1992, já usado antes por Ratzinger quando ele precisava fazer reflexões e leituras durante o papado de João Paulo II.

Os escândalos que vieram à tona foram listados a partir de uma investigação encomendada por Bento XVI a três cardeais octogenários fidelíssimos a ele, Julián Heranz Casado, Jozef Tomko e Salvatore De Giorgi. Os três cardeais investigadores escrutinaram documentos e recolheram depoimentos de dezenas de padres e leigos na Itália e em outros países, inicialmente por um questionário único enviado para todos os entrevistados e, depois, por meio de entrevistas individuais devidamente cruzadas.

Segundo matéria publicada na revista *Veja*, eles "concluem que altos integrantes da cúria eram chantageados por homossexuais beneficiados com dinheiro da Igreja e a nomeação para cargos de destaque na estrutura do Vaticano ou próximos dela". O relatório está dividido em dois volumes de mais de 300 páginas cada um. Bento XVI queria entregá-los ao seu sucessor, mas passou a considerar a divulgação de seu conteúdo antes mesmo que o conclave começasse. Com isso, ele tencionava neutralizar a influência de Bertone na eleição do novo papa, que queria eleger um "papa confiável" e continuar em seu posto.

O novo papa, ciente dos relatórios, deverá tomar as devidas providências sobre o assunto enquanto Bento XVI pairará como uma presença invisível. Se isso será o suficiente para livrá-lo da influência da "banda podre", como se passou a denominar os corruptos da Igreja, ninguém sabe. Porém, se consultarmos os Arquivos Secretos e voltarmos no tempo, poderemos ver que não é a primeira vez que ocorrem fatos dessa natureza na Santa Sé.

Os renunciantes

Bento XVI é o oitavo papa a renunciar em toda a história da Igreja Católica. Os outros sete estão listados no *Dictionnaire Historique de La Papauté* [Dicionário Histórico do Papado], obra assinada pelo eminente historiador francês Phillippe Levillain.
Pela ordem, os renunciantes são:

1. Martinho I (649-655)
2. Bento IV (900-903)
3. João XVIII (1003-1009)
4. Silvestre III (1045)
5. Bento IX (1047-1048)
6. Celestino V (1294)
7. Gregório XII (1406-1415)

A abdicação aceita

Um fato curioso é que, pouco antes de abdicar, Bento XVI esteve na Basílica Santa Maria di Colemaggio, em Áquila, para visitar o túmulo de Celestino V, um ídolo pessoal, um dos papas que abdicou. Sua renúncia foi a primeira a ter alguma controvérsia jurídico-teológica, pois a legitimidade de seu sucessor, Bonifácio VIII, teria sido questionada pela poderosa família romana Colonna, sob alguns argumentos:

- A autoridade pontifícia conferida por Deus por meio do Espírito Santo nos conclaves só pode ser retirada pelo próprio Deus.
- O "casamento" que une o papa à Igreja é indissolúvel.
- A renúncia de um pontífice não pode ser permitida porque abre flancos na Igreja.

Segundo registros oficiais, muitos dos quais estão nos Arquivos Secretos, Bonifácio VIII teve um papado sem maiores problemas.

A renúncia de um papa passou a ser prevista no Código de Direito Canônico, regulamento promulgado por João Paulo II que estabelece que o papa pode deixar o trono de Pedro apenas por vontade própria, como fez Ratzinger.

Os documentos referentes aos escândalos do pontificado de Bento XVI estão fatalmente fadados a ser trancados nos Arquivos Secretos. Quando eles vierem a público, talvez se esclareça de uma vez por todas o que levou um papa ao extremo de renunciar.

Porém, talvez já não estejamos mais vivos quando isso acontecer.

Referências

ALLEN, John. *All The Pope's Men*. Massachusetts: Image Books, 2005.

BARROS, José D'Assunção. Heresias entre os séculos XI e XV: Uma revisitação das fontes e da discussão historiográfica – notas de leitura. In: *Arquipélago*. Ponta Delgada (Açores): Universidade dos Açores, 2007-2008. p. 125-162.

BENIMELI, José A. Ferrer. *Os Arquivos Secretos do Vaticano e a franco-maçonaria: história de uma condenação pontífica*. São Paulo: Madras, 2007.

DROSNIN, Michael. *O código da Bíblia*. São Paulo: Cultrix, 1997.

DROSNIN, Michael. *O código da Bíblia II – Contagem regressiva*. São Paulo: Cultrix, 2003.

DROSNIN, Michael. *O código da Bíblia III – Para salvar o mundo*. São Paulo: Cultrix, 2011.

FRANGIOTTI, Roque. *História das heresias nos séculos I-VIII*. São Paulo: Paulus, 1995.

HERMANS, Michel; SAUVAGE, Pierre (Org.). *Bíblia e história: escritura, interpretação e ação no tempo*. São Paulo: Loyola, 2006.

HOELLER, Stephan. *Gnosticismo*. São Paulo: Nova Era, 2005.

LEA, Henry Charles. *A History of the Inquisition of Spain*. New York; London, 1906-1907.

LISSONI, Alfredo. *Os enigmas do Vaticano*. São Paulo: Madras, 2005.

MCBRIEN, Richard P. *The Lives Of The Popes: The Pontiffs From St. Peter To Benedict XVI*. Nova York: Harper USA, 2006.

MEYER, Marvin; de BOER, Esther A. *The Gospels of Mary: The Secret Traditions of Mary Magdalene the Companion of Jesus*, San Francisco: Harper, 2004.

O'SHEA, Stephen. *A heresia perfeita*. Rio de Janeiro: Record, 2003.

PASQUERO, Fedele. *O mundo da Bíblia*. São Paulo: Paulinas, 1986.

RENDINA, Claudia. *The Vatican History And Treasures*. Nova York: Art Books International, 1995.

RIBEIRO JUNIOR, João. *Pequena história das heresias*. Campinas: Papirus, 1989.

SALES, John Rule. *The Vatican Secret Archives*. Luxemburgo: VDH, 2010.

SCHOLEM, Gershom, *Zohar: The Book of Splendor*. Nova York: Schocken Books, 1963.

VÁRIOS AUTORES. *Apócrifos e pseudoepígrafos da Bíblia*. Rio de Janeiro: Fonte, 2009.

Sites

ARQUIVO Secreto do Vaticano publica pedido de divórcio de Henrique 8°. *Estadão On Line*. São Paulo, 14 maio 2009. Disponível em: <http://www.estadao.com.br/noticias/arteelazer,arquivo-secreto-do-vaticano-publica-pedido-de-divorcio-de-henrique-8,370680,0.htm>. Acesso em: 22 jul. 2010.

Bíblia World Net. Disponível em: <www.bibliaworldnet.com.br>. Acesso em: 27 jul. 2010.

Centro Apologético Cristão de Pesquisas. Disponível em: <www.cacp.org.br>. Acesso em: 4 ago. 2010.

ESCÂNDALOS podem forçar papa a abrir arquivos secretos. *Portal Ibraol*. 26 março 2010. Disponível em: <http://www.ibraol.com.br/home/2010/03/escandalos-podem-forcar-papa-a-abrir-arquivos-secretos/?_task=mail>. Acesso em: 22 jul. 2010.

INQUISIÇÃO: Mito e realidade histórica. *Catolicismo Revista de Cultura e Variedades*. São Paulo, setembro de 2006. Disponível em: <http://www.catolicismo.com.br/materia/materia.cfm?IDmat=6113500D-3048-560B-1C9A57FBCEBD780D&mes=Setembro2006>. Acesso em: 27 jul. 2010.

JESUS foi mal interpretado?. *Revista Galileu*. São Paulo, outubro de 2006. Disponível em: <http://revistagalileu.globo.com/Galileu/0%2C6993%2CEC-T1295957-1706%2C00.html >. Acesso em: 4 ago. 2010.

PIO XII pensou transferir Vaticano para Portugal. *DN Globo On Line*. Portugal, 21 dezembro 2009. Disponível em: <http://dn.sapo.pt/inicio/globo/interior.aspx?content_id=1452781&seccao=Europa>. Acesso em: 27 jul. 2010.

Vatican Secret Archives. Disponível em: <http://asv.vatican.va/home_en.htm>. Acesso em: 22 jul. 2010.